dtv

Wie sind wir zu dem geworden, was wir sind? Was macht Freundschaft aus und wie hält man sich die toten und lebenden Dibbuks vom Leib, die von einem Besitz ergreifen wollen? »Der Dibbuk in der jüdischen Tradition ist ein Geist, die sündige Seele eines Toten, die in einen lebendigen Menschen hineinfährt, ihn lenkt und auch verderben kann. Ich bin seit frühester Kindheit bewohnt von Dibbuks, nicht nur von toten Seelen, mehr noch von lebenden.« Diese Geister sind es, von denen Luc Bondy erzählt: von den Verlockungen und Schrecken der Kindheit, seiner Schulzeit im streng calvinistischen Internat, von zerbrechlichen Freundschaften und dem Tod des Vaters, von Künstlerfamilien und dem Alltag eines Regisseurs. In wunderbaren Prosaminiaturen, ironischen Dialogen, Traumbildern und Erzählungen umkreist Bondy die komischen, tragischen und aberwitzigen Momente des Lebens – die Hoffnungen, Freuden, Blessuren und Unzulänglichkeiten, die das Ich ausmachen.

Luc Bondy, 1948 in Zürich geboren, wuchs in Südfrankreich auf. Er gilt als einer der führenden Bühnenregisseure der Welt und arbeitet an allen großen Häusern sowohl im Schauspiel als auch in der Oper. Seit 2002 ist er Intendant der Wiener Festwochen. Zuletzt erschienen der Roman ›Am Fenster‹ (2009) und der Gedichtband ›Toronto‹ (2012).

Luc Bondy

Meine Dibbuks

Verbesserte Träume

Deutscher Taschenbuch Verlag

Von Luc Bondy
ist im Deutschen Taschenbuch Verlag erschienen:
Am Fenster (14019)

**Ausführliche Informationen
über unsere Autoren und Bücher
finden Sie auf unserer Website
www.dtv.de**

MIX
Papier aus verantwortungsvollen Quellen
FSC® C019821

2013 Deutscher Taschenbuch Verlag GmbH & Co. KG,
München
Lizenzausgabe mit Genehmigung des Paul Zsolnay Verlags Wien

Umschlagkonzept: Balk & Brumshagen
Umschlagbild: ›Golconda‹ (1953) von René Magritte
(bridgemanart.com/Menil Collection, Houston, Texas, USA/
VG Bild-Kunst, Bonn 2012)
Druck und Bindung: Druckerei C. H. Beck, Nördlingen
Gedruckt auf säurefreiem, chlorfrei gebleichtem Papier
Printed in Germany · ISBN 978-3-423-14203-8

Meinen Freunden Ursula und Hartmut Rühl

Achte auf deine Gedanken
Denn sie werden Worte

Achte auf deine Worte
Denn sie werden Handlungen

Achte auf deine Handlungen
Denn sie werden Gewohnheiten

Achte auf deine Gewohnheiten
Denn sie werden dein Charakter

Achte auf deinen Charakter
Denn er wird dein Schicksal

(Aus dem Talmud)

I

VERSPÄTETE WIDMUNG

Ich hatte zwei Väter: einen vor und einen nach dem Hirnschlag. Den zweiten sehe ich immer in seinem weißen Sessel vor mir und lesen, sich beim Lesen verlieren, über den Rand des Buches hinaus in die Ecke des Zimmers. Die Bücher, die ihm etwas bedeuteten, las er immer wieder. Mir war es, als ließen sie sich von ihm lesen, er mußte sie nur aufschlagen. Die Sätze schwebten ihm zu, glitten durch seine Stirnfalten. Sie heilten ihn, stellten sein Gedächtnis wieder her: Der Gesichtsausdruck verwandelte sich zurück zu seinem früheren.

Mein Vater vor dem Schlag: Ich sehe seinen Rücken vor der Bibliothek und seine ausgestreckten Arme, die nach den Büchern tasten. Er nimmt eines heraus, streicht über den Einband, blättert kurz darin und schiebt es rasch zurück. Jetzt dreht er sich jäh um und ruft: *Dis!* (»Sag!«), das alles bedeuten konnte: »Stell dir vor …«, »Weißt du …«, »Da fällt mir ein …« Es konnte etwas ganz Alltägliches sein, wie dieses Mal: »Vergiß nicht, deinen Großvater anzurufen! Er hat Geburtstag.« Ich nicke, er zieht wieder ein Buch heraus, öffnet es, atmet hinein, die Lippen zu einem leisen Pfeifen gespitzt – er war Asthmatiker, er bekam nie genug Luft. Lesend und mit dem Buch eine Beziehung aufnehmend, die nur er selbst verstand, geht er die Treppe hoch in sein Arbeitszimmer. In Paris wie in Zürich, immer lag sein Arbeitszimmer direkt unter dem Dach.

Schon früh am Morgen hörte ich die Schreibmaschine klappern, schnell und in unregelmäßigen Intervallen. Wenn die Schreibmaschine schwieg, konsultierte er seine Bücher, deren Seiten er am Rand mit energischen Strichen versah. Er zitierte nie direkt, er bezog sich auf … Die Bücher, Zeitschriften, Aufsätze, Tageszeitungen waren seine Gesprächspartner oder Gegner. Seine Diskussionen führte er mit heftigem Schlagen gegen die Tasten seiner kleinen Olivetti, die auf dem Tisch nach hinten rutschte, wenn er sie nicht durch eine Unterlage bremste. Sonst war es still im Haus, die Mutter war einkaufen, die zwei Schwestern im Lycéum Molière, rue de l'Assomption, und ich auf der Privatschule, die ich fast jeden Monat wechselte, bevor ich ins Internat kam in den Pyrenäen, zwischen der Musikstadt Prades und dem gegen den Hang gepreßten Dorf Mosset. Dorthin schrieb er mir Briefe in seiner kryptischen Schrift, und ich hatte Mühe, das Geschriebene zu entziffern. Doch weil er mit einer recht dicken Feder schrieb, die die Buchstaben in Schriftzeichen verwandelte, ließ sich an ihnen seine jeweilige Stimmung ablesen. Der Inhalt der Briefe glich sich ohnehin, meist wollte er mich ermutigen, besser zu lernen, oder er wies mich auf ein Buch hin.

Ich versuche, so weit wie möglich zurückzugehen in meiner Erinnerung. Versuche herauszufinden, wann mir mein Vater das erste Mal erschienen ist. Meine Kindheit verbrachte ich bei meiner Großmutter, Elsa Blumenstein, die Mutter meiner Mutter, und Joseph, meinem Großvater. Letzterer trat kaum in Erscheinung, obwohl auch er sich die bescheidene Vierzimmerwohnung mit uns teilte. Er war dabei, sein Gedächtnis zu verlieren, und während er sich selbst verlor, verloren auch wir ihn – man nahm ihn immer weniger wahr.

Ich suche meinen Vater und verweile bei Joseph, der sein Schwiegervater war.

Joseph hatte ein Gebiß. Das nahm er beim Mittag- und beim Abendessen heraus und legte es in ein Glas. Dann fielen seine obere Mundhälfte und die untere zusammen, und er sah aus wie ein tropischer Fisch. Unsere gemeinsamen Essen wurden von dem langsamen Rhythmus bestimmt, mit dem er gleichförmig die Speisen zerkaute. Mit dem Schließen des Mundes schloß er die Augen, und beim Öffnen riß er sie wieder auf. Nach dem Essen saß er, der Gedächtnislose, in seinem blaßoliven Fauteuil vor dem kleinen schwarzen Radio und lauschte den Nachrichten von »Radio Beromünster«. Auch in diesem Bild sehe ich meinen Vater nicht. Und auch nicht meine Mutter und meine ältere Schwester.

Auf einem Schwarzweißfoto aus den fünfziger Jahren sitzt ein unförmiger Plüschlöwe auf meiner linken Schulter. Wer hat mich aufgenommen, und wem lächele ich zu? Im Hintergrund das gelbe Nachbarwohnhaus. Alle Häuser entlang der gewundenen Straße waren gleichfarbig und gleichförmig gebaut. Zwischen ihnen die Wiese und zwei Hänge. Da taucht mein Vater zum ersten Mal auf, in einer hellen Wildlederjacke. Er macht einen sportlichen Eindruck, aber das war er nicht. Er spielte zwar sternschnuppenrasch Ping-Pong, aber sonst … Er konnte nicht einmal Autofahren, obwohl er es so gerne tat.

Ich sehe ihn mich lange nicht wirklich wahrnehmen. Heiligabend spazierten wir über die Invalides mit meinen Schwestern, während meine Mutter den Weihnachtsbaum schmückte. »Für die Kinder, warum sonst?« pflegte sie zu sagen. Mein Vater sprach mehr zu meinen Schwestern, er ging mit ihnen die Schulfächer durch: Geschichte, Literatur,

Latein. Es war sehr kalt, und ich war beeindruckt von den großen schwarzen Kanonen im Hintergrund. Jetzt drücken sich wieder die Gedächtnismuskeln zu. Etwas will mich diese Vergangenheit nicht sehen lassen.

Fast nie hörte ich ihn brüllen. Streng, manchmal unnachsichtig, ja, das war er ... Er konnte weder Übermut noch Affektiertheit ertragen. Er wollte nicht, daß wir uns in Illusionen wiegen. Persönliche Gespräche waren für ihn ein Greuel, das »intime Leben«, »die Sorgen« mußten sich ihr eigenes Vokabular suchen oder sich in Sokrates oder La Rochefoucauld verwandeln. Trotz dieser Abneigung gegen das zu Persönliche konnte man die Sorgen in seinen Augen lesen. Diese Art Zurückhaltung, ja, Scham fand ich später in der Figur Swann wieder. Jedesmal, wenn ich Proust lese, finde ich etwas von meinem Vater.

Wenn er sich einmal doch dazu aufraffte, eine persönliche Mitteilung zu machen, blieb sie mir im Bewußtsein, bis heute. Zum Beispiel diese: »Wenn man sich von einer Frau trennt, dann muß Zeit vergehen bis zur nächsten, sonst stimmt die Liebe zu letzterer nicht, es haftet an ihr zu viel Trauer oder Wut von der vorherigen.« Dieselbe Logik ließ ihn Nahum Goldmann zustimmen, der meinte, Israel sei zu früh gegründet worden, es sei zu wenig Zeit vergangen nach Auschwitz. Schließlich hätten die Juden damals auch viel Zeit in der Wüste verbracht nach ihrem Rausschmiß aus Ägypten, bevor sie ins Gelobte Land kamen. Mein Vater mochte es nicht, daß wir unser Judentum zu sehr betonten. Vor allem verabscheute er es, wenn es sich in eine Waffe des Mitleids verwandelte – er, der so jüdisch aussah und mir dieses Aussehen vererbt hat ...

Am meisten verabscheute mein Vater Sentimentalität,

nackte Gefühle, überfließende Herzen. Wenn ihm jemand zu nahe kam, trat er ein paar Schritte zurück. Ein Kuß von ihm fühlte sich an wie die Umarmung eines Skeletts. Seine Backe ließ er nie länger als eine Viertelsekunde an meiner. Wie einen kleinen elektrischen Schlag spürte ich seine frischrasierte Haut.

Wir sitzen unter dem Weihnachtsbaum, und ich reiße ein Päckchen auf, eine kleine rote Schachtel. Es liegt ein silbernes Armband darin, das ich mir voller Freude um den Hals hänge. Mein Vater zuckt zusammen: Es ist für meine ältere Schwester bestimmt und war irrtümlicherweise auf meinem Haufen gelandet. Das Armband wird durch eine Cordhose ersetzt. Ich weine. Seitdem verspüre ich in mir ein Ziehen, wenn ich ein Geschenk aufmache. Und seitdem hasse ich nützliche Geschenke. Ich flüchte hinauf in das Arbeitszimmer meines Vaters – und ich weiß nicht mehr, wie es geschah, aber eine Ecke des Diwans fing Feuer. Habe ich ihn angezündet aus Rache? Aber wie hätte ich eine so mutige Tat vergessen können? Meine Mutter und meine Schwestern löschten die Flammen mit großen Wassereimern. Weihnachten roch also nach kaltem Rauch.

Ich erinnere mich an eine andere Szene: Spätabends, es klingelt. Meine Mutter, barfuß und im Nachthemd, rennt in den Flur, reißt die Haustür auf und wirft sich weinend vor Glück an den Hals meines Vaters, der von einer langen Asienreise zurückkehrt. An der Türschwelle verletzt sie sich den Zeh, so daß inmitten der Freude Blut floß.

Und dann die Geschichte von Vivier und Semeuse, so hießen sie. Im Bois de Saint Cloud erschossen sie Anfang der sechziger Jahre ein Liebespaar, für ein paar Geldscheine. Leblos und bleich lagen die Körper im Herbstlaub. Das Bild der beiden Mörder war in allen Zeitungen auf dem Titelblatt. Beide trugen feine Schnurrbärte, so daß ich mich von da an vor Schnurrbärten fürchtete. Wenn ich meine Mutter zur Bäckerei begleitete und ein Mann mit Schnurrbart den Laden betrat, ergriff ich auf der Stelle die Flucht. Ich sammelte die Zeitungsausschnitte über Vivier und Semeuse und studierte ihr Gesicht. An die Umgebrachten dachte ich kaum. Ich roch an den Illustrierten, aus denen mir Vivier und Semeuse entgegenblickten, in Schwarzweiß, damals gab es noch keine Farbbilder in *Paris-Match*. Ich fragte mich, wo ich diesen Geruch wiederfinden könnte. Im Wald vielleicht? Aber dort wollte ich auf keinen Fall mehr hin. In einer der Illustrierten sah ich eine Mandeloperation: der Patient, um ihn herum vier Chirurgen, der offene Rachen. Trug einer der Chirurgen einen Schnurrbart? Ich weiß es nicht mehr, aber das Foto roch wie das der Verbrecher, also brachte ich die Operation mit dem Mord in Zusammenhang. Der Bus, der die Kinder des Viertels zur Schule brachte, hielt oberhalb unseres Hauses an der rue de Momenrency, dort, wo auch die Eisenbahngleise nach Norden verlaufen. Eines Morgens, als wir auf den Schulbus warteten, hielt gegenüber der Haltestelle ein Wagen. Ein Mann stieg aus, und die Angst packte mich bei der Brust: »Das ist einer der beiden Mörder!« schrie ich aus vollem Hals und sah, wie er zwei Revolver auf mich richtete. Ich rannte davon, rannte und rannte, bis ich gegen einen schwarzgekleideten Mann stieß. Es war ein Pfarrer. Ich versteckte mein Gesicht in seiner Kutte und zeigte auf die Straße: »Dort! Dort! Man will mich erschießen!« Der Pfarrer blickte mich ungläubig an, und ich rannte weiter. Ich rannte nach Hause. Zitternd lag ich im Bett meiner Eltern, als mein Vater aus der Redaktion nach Hause kam. Meine Mutter hatte ihm am Telefon die ganze Geschichte erzählt. Nun wollte er seinen Sohn mit einem Geschenk überraschen. Hinter seinem Rücken hatte er etwas Silbernes versteckt. Mir blieb das Herz stehen, und ich brüllte vor Angst, weil ich das Schokoladenpapier für einen Revolver hielt.

Mein Vater entdeckte mich etwa mit siebzehn Jahren, als ich ihm einen Aufsatz von mir gab. Er las ihn und las ihn noch einmal. Dann schüttelte er den Kopf und sagte: »Schreib!« Der Text war surrealistisch und stark beeinflußt von »Monsieur Plume« von Henri Michaux. Es war die Geschichte von zwei gelähmten Tanten und einem unförmigen Wesen, das sich nur von Menschenknochen ernährte. Irgendwann hat es sogar den Prinz von England verspeist! Zum ersten Mal fühlte ich mich meinem Vater »verwandt«, bis dahin hatte ich ihn immer auf der Flucht erlebt. Auf der Flucht nicht nur vor mir, sondern vor uns allen.

Später, als mir mein Vater Witold Gombrowicz zu lesen gab, und zwar »Ferdydurke«, wurde ich ein Adept. Nichts gab es mehr für mich außer diesem polnischen Schriftsteller. Ich habe versucht, seinen Stil zu imitieren, nein, nicht versucht, ich konnte gar nicht anders. Mein Vater hat Gombrowicz in Argentinien besucht, und in Witolds »Tagebuch« findet sich eine treffende Charakterisierung: »Dieser bedeutende Redakteur, den man sich schwer ohne vier Telefone und drei Sekretärinnen vorstellen kann, hat sehr viel von einem Dichter. So viel, daß uns Dichtern manchmal der Verdacht kommt, diese Indolenz, diese kindlich verlorene Miene, dieser verzehrende Blick, die seltsame Begabung aufzutauchen (statt normal einzutreten), seien dazu da, uns anzulocken und kaltblütig für seine Ziele zu gebrauchen. Aber ich tröste mich damit, daß die Politiker umgekehrt zu der Befürchtung neigen, Bondys kühles Organisationstalent sollte sie an der Nase herumführen, damit sie sich in den Netzen der Poesie verfangen. Bondy zählt wahrscheinlich zu den Menschen, deren Stärke in der Abwesenheit liegt: immer ist er nicht ganz dabei, ist zumindest mit einem Bein woanders, seine Weisheit ist die des Freiers, der auf zwei Hochzeiten tanzt.«

Jedesmal, wenn mein Vater ein Buch oder einen Aufsatz entdeckte, wollte er, daß ich sie auch lese. »Da, nimm!« sagte er, »ein unentdecktes Genie.« Und als das Jahr 1968 die Jungen von den Alten trennte und auf der Rive Gauche Barrikaden errichtet wurden, ging auch ich mir die Demonstrationen anschauen – aus Neugierde auf die Turbulenzen und den Rußgeruch der Lacrymogenbomben. Einzumischen traute ich mich nicht. Mein Vater fühlte sich diesen Geschehnissen nah und fern zugleich. Er war einmal Kommunist gewesen, und dann, lange vor dem ungarischen Aufstand, war er es nicht mehr. Trotzdem empfand er Symphatie für Daniel Cohn-Bendit, und noch mehr, als die kommunistische Zeitung in einem Leitartikel verkündete, der Anführer sei kein echter Franzose ... und ein Ausländer sollte nicht das Land aufwühlen. Da schrien die Studenten auf den Straßen: »Wir sind alle deutsche Juden!« – »Wir sind ja auch deutsche Juden, wenigstens zum Teil!« rief mein Vater.

Mein Vater hatte gewünscht, daß ich eine literarische Karriere verfolge wie er, sein Vater und zum Teil auch sein Großvater. Wir sollten eine Dynastie werden – die Prager! Er hat es mir nie ausdrücklich gesagt, und dennoch spürte ich es. Ich aber wollte zum Theater, Bücher gab es bei uns genug. Und vom Sitzen vor der Schreibmaschine bekam ich Rückenschmerzen. Von jenem Moment an, als er mir seine Aufmerksamkeit schenkte, war alles, was ich in meinem

Leben anstellte, irgendwie auf ihn gerichtet, auf meinen Vater. Ich denke an ihn bei jeder Inszenierung und frage mich: Was würde er wohl davon halten? Auch wenn Theater nie ganz seine Sache war. Wie sein Vater zog er die Oper vor, und wie sein Vater kannte er den ganzen »Tristan« auswendig.

Als mein Vater mit sechsundsiebzig seinen Hirnschlag erlitt, habe ich angefangen, um ihn zu trauern. Erst wurde er toll, sprach wirre Dinge, aber stets im Zusammenhang seines universalen Wissens. Er konnte nicht mehr gehen, seine Artikulation war gestört. Dann lernte er alles wieder: gehen, sprechen, lesen. Geschrieben hat er nicht mehr. Der oberste Stock war von nun an still, kein Schreibmaschinengeräusch drang mehr die Treppe herunter. Nach einer Weile, kurz bevor er starb, verbrachte er wieder viele Stunden in seinem Arbeitszimmer. Er ordnete seine Manuskripte und schuf, zum Leidwesen meiner Mutter, ein einziges Chaos. Ich sagte ihr, das sei doch egal, Hauptsache, mein Vater habe das Gefühl, etwas mit seinen Artikeln anzustellen …

All das, was er einst gern gelesen hatte, las er nun wieder, wie zum ersten Mal, und wieder unterstrich er mit einem Stift einzelne Sätze und ganze Passagen. Als es mit seiner Artikulation besser ging, sprach er auch wieder über Literatur. Politik interessierte ihn gar nicht mehr. Saddam, Bush, Sharon, Chirac … Links, Mitte, rechts, das alles gehörte nicht mehr zu seinem Universum. Oft küßte er voller Dankbarkeit meiner Mutter die Außenfläche der Hände. Er wußte um seine Hilflosigkeit und ihre Hingabe.

Er sah weniger Leute, und weniger Leute meldeten sich bei ihm. Manchmal fragte mich jemand, wann mein Vater gestorben wäre, oder jemand sagte zu mir: »Er war großartig, Gott hab ihn selig.« Es machte mir Spaß, die Person in Verlegenheit zu bringen und zu sagen: »Aber er lebt doch noch!«

Vor eineinhalb Jahren starb mein Vater tatsächlich. Ich erhielt die Nachricht, als ich auf dem Weg zu ihm war, im Bus zum Flughafen. Doch schon am Morgen, schon beim Aufwachen wußte ich, daß an diesem Tag mein Vater sterben würde. Ich erkannte es an meiner Umgebung. Am Licht, das weder düster noch hell war, an der Schwere in meinem Körper. An den Gegenständen um mich herum, der dampfenden Kaffeetasse, die ich nicht anrührte, der Zahnbürste, die ich in die Hand nahm und an ihren Platz zurücklegte, ohne sie zu benutzen. Sein Ableben, sein langsames Sterben waren wie eine Druckwelle nach einer Explosion. Ich stand in der Küche gegen die Wand gedrückt.

Im Bus hörte ich das Telefon, bevor es tatsächlich klingelte. Ich holte es aus meiner Manteltasche, und da läutete es. Bevor ich es ans Ohr drückte, vernahm ich schon den Satz, daß mein Vater tot sei, meine Schwester wiederholte nur, was ich bereits gehört hatte. Im Flugzeug, wo ich sonst immer Todesangst hatte, nahm ich gar nicht wahr, daß ich flog.

Ich stellte mir vor, wie es ist, einen Toten zu sehen, ich hatte noch nie zuvor in meinem Leben einen gesehen. Dem Taxifahrer, der mich zum Krankenhaus fuhr, habe ich es gesagt, worauf er mir während der ganzen Fahrt erzählte, wer alles in seiner Familie gestorben und wie allein er jetzt sei. Doch das war mir egal. Ich habe im Taxi meine Brieftasche liegenlassen, zusammen mit meinem Paß. An dem Tag, an dem ich meinen Vater verlor, verlor ich auch meine Papiere.

Sein Zimmer lag ebenerdig, schnell lief ich den Gang entlang, schneller als mein Herz klopfte. Mein Vater lag flach auf dem Bett, die Arme eng an den Körper gelegt, die Handflächen nach außen. Eine gelbe Rose lag auf der Bettdecke, und um sein gelbliches Gesicht war eine rosarote Schleife gebunden, die seinen Kiefer zusammenhielt. Die Augen waren geschlossen wie heruntergezogene Jalousien.

Zuerst hat meine Mutter mir von dem Augenblick seines Sterbens erzählt und davon, wie froh sie sei, mit ihm ganz allein gewesen zu sein – »ganz allein und ungestört«. Dann haben sie und meine ältere Schwester mir Platz gemacht und sind aus dem Zimmer gegangen. Ich nahm seine Hand und legte meine Backe hinein. Ich war mir sicher, daß seine Seele noch im Raum war, daß sie gar nicht daran dachte, einfach so aus dem Fenster zu fliegen. Ich versuchte, sie zu lokalisieren wie eine im Zimmer summende Fliege.

Die Krankenschwester war nach kaum fünf Minuten wieder hereingekommen, gefolgt von meiner ungeduldigen Mutter und meiner Schwester. Sie händigte uns die Uhr und den Stock meines Vaters aus, bevor sie, wie sie sagte, »das Bett herausrollen mußte«, um für den nächsten Klienten Platz zu machen.

Auf seinem Nachttisch lagen die Zeitungen, wie immer. Das letzte Mal, als ich ihn im Krankenhaus besucht hatte, hielt er die *New York Times* verkehrt herum. Und wie ich neben der Krankenschwester stand, eine hübsche schwarzhaarige Aserbaidschanerin, blickte mein Vater ein wenig verärgert auf mich, denn er wollte die Krankenschwester ganz für sich. Er küßte ihre Hand. Und seine letzten Worte an mich waren: »Toi fiche moi la paix!« – »Du laß mich in Ruhe!«

II

IN DEN GINSTERN

Den Oberkörper über das Fensterbrett gelehnt, suchte ich mit den Augen meine Mutter. Sicher hatte ich vergessen, ihr etwas Wichtiges zu sagen, ich wußte nur nicht mehr, was. Ein Gefühl, das beim Abschiednehmen kommt: das Vergessen, die Konzentration auf ein Detail, um keine Trauer aufkommen zu lassen. Doch meine Mutter war schon im Menschengedränge des Gare d'Austerlitz verschwunden. »Ich will den Zug nicht wegfahren sehen, ich drehe mich als erste um«, hatte sie zum Schluß gesagt.

Dabei war ich es, der entschieden hatte wegzugehen – weg von Paris. Die Stadt war mir zu mächtig geworden, ich war ihrer Wildheit nicht gewachsen, die Schule verlangte zuviel für mein Lernvermögen, ich kam einfach nicht mit …

Ich sagte mir: Jetzt ist die Zeit gekommen zu leben – fern von denen, die mich von Anfang an zu kennen und zu beurteilen glaubten.

Ich war elf Jahre alt und sah mich schon irgendwo auf dem Trottoir sitzen, die Hand ausgestreckt, ein brauner zerschlissener Karton neben mir: »Zehn Francs bitte, ich bin hungrig.« Also stand ich eines Morgens, angezogen und fertig zur Abreise, vor dem Bett meiner Eltern, in dem sie noch Rücken an Rücken schliefen. Ich sah ihnen eine Weile zu, ich wußte, meine Gegenwart würde sie wecken.

»Ich muß fort von euch. Ich langweile mich von morgens

bis abends, das einzig Schöne in meinem Leben ist unsere große Terrasse. Wenn ich hinunterblicke, möchte ich über das Geländer springen und spüren, wie es ist: der schneidende Wind und das Aufprallen auf dem Hof.«

Da saßen meine Eltern kerzengerade im Bett. Sie hatten mir nichts entgegenzusetzen. Vielleicht waren sie selber schon auf die Idee gekommen, es war ihnen jedenfalls nicht ganz unrecht, daß ich einen solchen Plan vorschlug.

Es ging alles sehr rasch. Meine Mutter fand durch die Vermittlung einer Freundin ein Landschulheim im Süden Frankreichs: Le Perthuis. Der Lebensgefährte der Frau, ein General a. D., würde mich am Bahnhof von Perpignan abholen und dorthin fahren, fünfzig Kilometer, beinahe an der spanischen Grenze (nicht weit von dem Ort, an dem sich Walter Benjamin das Leben nahm).

Von meiner Pritsche des Liegewagens aus schaute ich in die Nacht. Die hellen Lichter der Großstadt würde ich so schnell nicht wiedersehen, ich fühlte mich wie ein kleiner Mönch, ein Kindsmönch, der dabei ist, sich in einem fernen Kloster zu verstecken.

Ich sehe noch den sportlich gekleideten Mann vor mir, in der Morgendämmerung auf dem Bahnsteig von Perpignan, ganz in weiß, schmächtig und knochig – vor einem Stacheldraht, Vorahnung meiner Zukunft im Internat. Sein dünner Schnurrbart zwischen Nase und Oberlippe, ein Charmeur wie Errol Flynn. Er nahm mich bei der Hand, und wir stiegen in sein weißes offenes Renault-Florid-Sportcoupé.

2

Die meisten Zöglinge befanden sich gerade auf Studienreise in Griechenland. Ich kenne sie noch nicht. Ich bin ein Neuer. Als ich ankam mit dem Sportwagen und dem General a. D., rief eine der Lehrerinnen: »Da ist der Neue!« Der General, den Arm um meine Schultern gelegt, brachte mich hinauf.

Auf dem Weg kam uns die Lehrerin entgegen, sie trocknete sich ihre Hände an der Schürze ab, bevor sie dem General ihre Rechte entgegenstreckte. Gleichzeitig senkte sie schamhaft den Blick zum Boden. Der General zwinkerte mir zu, ich verstand nicht, warum. Meine Zukunft im Internat konnte ich mir noch nicht vorstellen.

Sie sprachen verlegen und aneinander vorbei. Zwei Welten – der General a. D. Soubireau, der elegante Lüstling in Weiß, und Fräulein Yolande, die kleinwüchsige, alterslose Nonne in Zivil, mit geröteten Backen wie vom Frühaufstehen.

Das Sportcoupé wirbelte den Kies auf dem Hof auf, als es davonsauste. Ich stand nun allein vor der Lehrerin im Küchenhaus (ein ganzes Haus für die Küche!), die ihren Brustkorb fest umarmte.

»Hast du schon zu Mittag bekommen?«

»Ich habe keinen Hunger, Madame.«

»Ich heiße Yolande.«

»Ich habe keinen Hunger, Madame Yolande.«

»Ich heiße Yolande. Ohne Madame. Hier duzen wir uns.«

Sie wirkte so streng, daß der Wechsel vom Sie zum Du rein gar nichts brachte, eher im Gegenteil: Das Duzen verstärkte noch die Distanz zwischen den Zöglingen und den Lehrern. Man war ihnen zu nahe und gleichzeitig zu weit entfernt.

Hinter dem gelben Küchenhaus lagen Kies und rote Erde,

oberhalb Dornengestrüpp und der in der Nachmittagssonne scharf leuchtende Ginster. Ein ausgetrockneter Brunnen. Der Wind, der dort blies, war die Tramontana. Die Sonne verschwand langsam hinter den Felsen, und es begann, frisch zu werden. Ich saß auf dem Brunnenrand und schlug mit den Füßen ungeduldig gegen den Stein. Ich rief in die endlose Tiefe hinunter: »Was suche ich hier? Warum bin ich hier gelandet!« Da hörte ich jemanden kommen, einen Buben, ungefähr so alt wie ich, in kurzen Hosen. An seiner Igelfrisur konnte man sich stechen. Er roch nach Urin – nicht nur damals, sondern die ganzen Jahre über – und streckte mir seine eingegipste Hand entgegen: »Ich bin Benoît, gestern angekommen und gleich hingefallen, da! Ich habe mir den kleinen Finger gebrochen.«

Er hielt mir einen Stift hin, und ich schrieb meine Initialen auf den Gips.

3

Le Perthuis bestand aus drei Gebäuden im Schatten von ginsterbewachsenen Hängen. Das Ginstergestrüpp ging nach oben in einen verwilderten Wald über, geteilt durch eine breite Schlucht mit einem Wasserfall. Sein Rauschen gehörte zu unserem Leben: Beim Mohrrübenschälen frühmorgens, vormittags während des Unterrichts und nachts, wenn wir uns Wildwestfilme erzählten, begleiteten uns die herabstürzenden Wasser.

Die gelben Häuser waren sternförmig um einen großen Hof angeordnet, aber nicht auf gleicher Ebene. Die Küche mit dem Bügelzimmer und dem Refektorium auf einer leichten Anhöhe, im größeren Haus darunter schliefen und lernten wir und schälten in der Morgendämmerung Gemüse. Das dritte Gebäude hatte eine riesige Fensterfront und stand immer leer – oder es ist mein Gedächtnis, das an diesen Ort keine Erinnerung läßt.

Am äußersten Rand des Hofes, zum Tal hin, stand ein großer Walnußbaum. All die Jahre im Internat, in den vielen Konflikten, Feldzügen und Schlachten zwischen unseren Lehrern – wir nannten sie die »Erwachsenen« – und uns, war dieser Baum unser Alliierter. Wir versteckten uns hinter ihm, und keiner fand uns mehr. Vielleicht war das Versteck einfach zu offensichtlich, und deswegen suchte uns keiner dort. Und wenn er hätte sprechen können, der Walnußbaum, hätte er sicher für uns Partei ergriffen.

Vom Hof führte ein schmaler Weg zu den Kartoffel- und Erdbeerfeldern. Beim Erdbeerpflücken war uns das Naschen untersagt, nicht eine einzige Erdbeere! Der Gärtner Manuel, ein ehemaliger Widerstandskämpfer aus dem Spanischen Bürgerkrieg, ließ uns nicht aus den Augen. Ein bißchen tiefer gebückt als wir, konnte er unsere Hände und Lippen beobachten. Erwischte er einen von uns, schlug er ihm mit seiner Faust gegen den Nacken, und der Ertappte spuckte die angebissene Frucht auf die Erde. Doch der Geschmack blieb im Mund und verlockte um so mehr zum Heimlichessen.

4

Yolande, die Frau, die mich am ersten Tag empfangen hatte, war unsere Französisch- und Mathematiklehrerin. Wir nannten sie »La Biquette«, das Zicklein. Sie war eine kleingewachsene Jungfer, wie man sie aus den Filmen von Luis Buñuel kennt. Sommer wie Winter hielt sie ihre Händchen fest zusammengepreßt über ihrer blauen Wolljacke, auf der Höhe des Nabels. Hastig trippelte sie über den steinigen Hof von einem Pavillon zum anderen, als würde die Tramontana sie vorwärtsjagen.

So wie sie ein – wenn auch gealtertes – Mädchen geblieben war, war auch ihre Stimme. Sie klang hoch und schrill und dabei ein bißchen verkratzt, als ob die Stimmbänder mit Staub belegt wären.

In der Geometriestunde ergriff sie das Lineal, drückte eine Spitze gegen ihre Brust, zeigte nach unten und sagte: »Vous avez un angle plat et en dessous un angle droit.« In aller Unschuld demonstrierte sie uns den flachen Winkel auf ihrer flachen Brust. Während sie uns mit wachsendem Enthusiasmus ein geometrisches Problem erläuterte, ging ihre Stimme noch weiter hinauf. Nun zirpte sie, und ihr von einem weißen Flaum bedecktes Triangelgesicht errötete, als wäre sie von einem jähen Fieber befallen. Sie war dabei so jungfräulich, daß wir in der Schulklasse an nichts anderes dachten als an geschlechtliche Dinge, aber wir hüteten uns davor, dies laut werden zu lassen. Ich war der einzige, der sich einmal traute. Ich fragte, ob die Tiere aus Liebe oder nur aus Instinkt miteinander Kinder machten, worauf sie piepste: »Instinkt! Instinkt!« Ich war stolz darauf, das Wort »Liebe« (ich meinte natürlich Lust) ungestraft vor ihrem Angesicht ausgesprochen zu haben. Ein bißchen war ich ihr dadurch nähergekommen: Ich hatte an ihrer Jungfräulichkeit genascht.

5

»Die Wildkatze« – so nannten wir unsere Direktorin, auch ihr Name begann mit einem Y: Yvette. Ihr Gesicht war breit, sie blickte durch beinahe asiatische Augen. Das silberne Haar wirkte ungewaschen und ungebürstet, ein Spiegel ihrer inneren Zerrissenheit. Sie hatte ihr Schlafzimmer zum Hof hinaus, das Fenster neben der Krone des Walnußbaums. Yolande war eine Katholikin aus Montpellier, Yvette stammte aus einer streng calvinistischen Genfer Familie.

Die Wildkatze, herrisch und immer leicht zitternd, fürchteten wir. Jeden Tag stellten wir uns in Reih und Glied vor ihrem Arbeitskabinett auf, das direkt unter ihrem Schlafzimmer lag. Immer um zwölf, vorher zeigte sie sich nicht. Sie stand an der Türschwelle, ihr breites Gesicht leicht zur Seite geneigt. An ihrem Händedruck und der Lautstärke ihrer Stimme konnte man ihre Laune einschätzen. War der Händedruck fest und das »Guten Morgen« kaum vernehmbar, dann standen wir nicht in ihrer Gunst. Wenn sie sagte: »Ich muß mit dir sprechen …«, beunruhigte uns das in höchstem Maße. Im schlimmsten Fall zog sie uns mit der Begrüßung mit einem Ruck in ihr Büro und schlug den anderen Wartenden die Tür vor der Nase zu. Sie stellte sich in die dunkelste Ecke ihres Zimmers und zischte los: »Warum bist du am Mittagstisch zweimal hintereinander neben Soledad gesessen? Was flüstert ihr die ganze Zeit? Mir wurde gesagt, daß du in der Geographiestunde nachlässig geworden bist: Das ist sicher die Schuld von Soledad. Fühlst du dich unglücklich unter uns?« Es war immer das weibliche Geschlecht, das Schuld hatte an der Zerstreutheit von uns Buben.

Lag ihre Hand weich in der unseren und lächelte sie dabei

mit ihrem Raubtiergesicht, fühlte man sich schon für zukünftige Fehler entschuldigt: glücklich, euphorisch und voller Übermut, und das hielt den ganzen Tag vor. Doch die Stimmungen veränderten ihr Gesicht wie Sonne und Schatten die Erde auf dem Hof. Dann verwandelten sich ihr Charme und ihre Warmherzigkeit in Verdrossenheit und Kälte. Es sind die Launen und die Willkür der Despoten: Ihre gute Stimmung ist genauso gefährlich wie ihre schlechte Laune.

Ihren Hof konnte die Direktorin Tag und Nacht überwachen, vom oberen Stockwerk, von ihrem Schlafzimmer aus, wie auch vom unteren, ihrem Arbeitskabinett. Hinter den Vorhängen war sie meist nicht zu erspähen, aber wir waren sicher, daß sie dort stand, die Stirn gegen die Scheibe gedrückt, und uns beobachtete wie unter einem Mikroskop. Später habe ich erfahren, daß sie oft nur depressiv aus dem Fenster hinausstarrte. Aber wenn wir sahen, daß sich der Vorhang bewegte, bezogen wir es auf uns. Yvette war die absolutistische Herrscherin meiner pyrenäischen Jugend, und sie verstand es, sich rar zu machen. Wie eine Schildkröte in ihren Panzer zog sie sich nach dem Guten-Morgen-Appell oder nach dem Unterricht in ihre dunklen Räume zurück. Durch ihre Abwesenheit wurde sie für uns noch allgegenwärtiger.

In meiner Erinnerung stellt La Biquette eine Art Hofdame dar, eine Vertraute der Herrscherin, wie man sie aus den Stücken von Racine oder Corneille kennt. Im Schatten unserer Direktorin wirkte ihr dreieckiges Gesicht nur noch kantig und farblos, das Zicklein fürchteten wir nicht. Manchmal bewegten sich die beiden wie eine Prinzessin und ihre Dienerin in einem Film des japanischen Regisseur Mizoguchi: Hintereinander, die eine der Schatten der anderen, schlichen sie die Wände entlang und verschwanden im Bügelzimmer. In diesem schmalen Raum neben der Küche, in dem genäht und gebügelt wurde, saßen die beiden spätabends beieinander, steckten die Köpfe zusammen und besprachen sich über uns, die Internatsschüler. Hier wurden manchmal günstige, meist aber unheilvolle Entscheidungen getroffen, und hier war auch der Ort der Quarantäne: Bis zu zwei Monate lang konnte man hier Tag für Tag während der Mahlzeiten zwischen ungebügelten Hemden, Unterwäsche und Bettüchern seine Strafe absitzen. Bis in die Nacht hinein flüsterten sie hier miteinander, zischend wie Schlangen und manchmal auch kichernd wie Schulmädchen: Da waren sie entzückt über das gute Verhalten oder den Fortschritt eines Internatszöglings. Das Wort *bien* – mit der Betonung auf dem *b* – aus dem Mund der Direktorin richtete uns so gewiß auf, wie das Wort *mal* uns in die Hölle stürzte.

Was die Herrscherin meinte, wurde unsere Meinung. Wir übernahmen sogar Ausdrücke von ihr, wir fühlten uns bestärkt dadurch. Sehr oft gebrauchte sie das Wort *L'extérieur* – die Außenwelt. Er stand für das Negative, das Verführerische, das uns Ablenkende. Dort, wo Neonlicht leuchtete, Fernsehbilder flimmerten, Eltern auf Partys gingen und sich scheiden ließen, dort, wo die Kinder durcheinandergebracht wurden: das war die Außenwelt. Wenn wir von den Ferien zurückkamen, hatte uns die Außenwelt zerstreut und geschwächt, es brauchte Zeit, bis man sich wiedergefunden hatte. Wir mußten das Draußen vergessen und durften ihm ja nicht nachtrauern.

Trotzdem öffnete uns Yvette manchmal das Fenster zur Außenwelt, wenn auch nur einen Spalt breit. Dann durften wir mit ihr ins Kino, und sie zeigte uns einen Film, den sie als erzieherisch wertvoll empfand. An die meisten kann ich mich noch heute erinnern: an den japanischen Film »Die nackte Insel« zum Beispiel, ein Landschaftsfilm ohne Worte, nur mit Musik unterlegt. An den berühmten Tiefseefilm von Jacques Yves Cousteau, »Die schweigende Welt«, und schließlich an »Der Krieg der Knöpfe«, in dem es um zwei rivalisierende Schulbanden geht, die sich gegenseitig die Knöpfe, Hosenträger und Schnürsenkel abschneiden. Erst als die Anführer der beiden Gruppen zusammen aufs Internat geschickt werden, versöhnen sie sich. All diese Filme durften wir in Perpignan ansehen. Es waren ganz harmlose Geschichten, aber Yvette gab uns zu verstehen, daß sie um die Existenz der anderen Filme wußte, die wir nicht sehen durften. Darunter »Das Schweigen« von Bergman, den sie übrigens, wie sie einmal sagte, für einen wenn auch interessanten, doch im Grunde besessenen Künstler hielt. Bergman gehörte also auch zur »Außenwelt« …

Manchmal, wenn Yvette müde war, sprach sie mit halbgeschlossenen Augen: Die Wildkatze wurde dann milde und charmant. In solchen Momenten, dachte ich immer, ist alles möglich, ihr Puritanismus schien nicht mehr zu existieren, keine Bedrohung und kein Zwang gingen von ihr aus. Sie sprach leise und melodiös, genferisch. Aber genau in diesem Moment registrierte sie Schwächen. Sie lockte das Innerste aus uns heraus, und dann konnte sich die plötzliche Vertraulichkeit schnell gegen uns wenden. Wie oft lief ich in diese Falle! Ich bin einmal sogar während der Ferien in der Gemeinschaft geblieben, weil ich ihr in einem schwachen Moment beigepflichtet hatte, wie schlecht mir die Außenwelt bekäme: Sie brachte mich dazu, daß ich mir meine Familie selbst verbieten wollte. Für jeden treuen kommunistischen Parteigänger müssen diese Zeilen nur zu verständlich sein.

6

La Biquette hatte sich meiner angenommen: Ich wurde gewissermaßen ihr Ziehsohn. Geduldig gab sie mir Nachhilfestunden. Geduldig? Nicht immer: Sie konnte jäh mit ihrem knochigen Bonsai-Händchen auf den Tisch schlagen. Dazu schrie sie mit ihrem südfranzösischen Akzent: »La coupe a débordé, la patience a craqué!« (Das Maß ist voll, der Geduldsfaden gerissen!)

Mich plagte in diesen Jahren vor allem eines: Rückenschmerzen. Ich konnte weder gerade noch gebeugt sitzen. Und beim Stehen krümmte ich mich nach hinten. Yolande war davon überzeugt, diese Schmerzen seien der Ausdruck meiner Arbeitsverweigerung. »Setz dich! Vergiß den Rükken!« Doch meine Wirbelsäule fühlte sich an wie ein entzündeter Zahn, ich konnte meine Wirbel zählen, jeder einzelne von ihnen brannte. Ich schlug den Rücken gegen die Wand, um den Schmerz zu betäuben.

Einmal war es derart unerträglich, daß ich während des Unterrichts aus dem Zimmer lief und ins Gemeinschaftsschlafzimmer flüchtete, benannt nach dem gegenüberliegenden Berg Canigou. Übrigens war dieser Berg Ursache von drei mysteriösen Flugzeugabstürzen: Sein hoher Eisengehalt brachte die Höhenmesser durcheinander. Ich rannte also ins Canigou und versteckte mich unter meinem Bett. La Biquette eilte mir hinterher, lief das Treppenhaus herauf, mit rotem Kopf und die Arme verschränkt. An der Türschwelle des Canigou machte sie halt: »Hierher! Raus aus deinem Versteck, es wird schlimm werden!« Ich hielt den Atem an und stellte mich tot. Aber ein leises Stöhnen zwischen meinen Lippen verriet mich: Sie kroch unters Bett, und wie zwei Eidechsen kauerten wir vis-à-vis. Hier unter dem Bett erklärte sie mir den Krieg. Aber es war ihr nicht ganz wohl bei der Sache, und am nächsten Tag brachte sie mich in die Stadt zum Orthopäden. Die Untersuchung ergab: Dekalzifizierung des Rückgrats – es mangelte in unserer Gegend an Kalzium im Wasser. Dieser Befund erleichterte meine Situation ein bißchen. Zwischen Yolande und mir gab es Waffenstillstand und für mich täglich Tabletten. Mein Rückgrat und ich studierten mühsam die Orthographie von Homonymen: *la foi,* der Glaube; *une fois,* einmal; *le foie,* die Leber …

Jeden Morgen saß Yolande an meinem Bett, und wir memorierten Gedichte, Wort für Wort, Satz für Satz, bis in den Frühsommer hinein. Dann kam der Sonntag der Reifeprüfung, drei, vier Jahre vor dem Abitur, in der nahegelegenen Musikstadt Prades. Ich war so ruhig wie später nur bei Generalproben. Das Thema des Prüfungsaufsatzes war: »Der Einfluß der Mode auf unser tägliches Leben.« Ich weiß heute noch nicht, warum: Ich hatte dazu eine Menge zu sagen, also schrieb ich und schrieb.

In unserer Gemeinschaft existierte so etwas wie Mode gar nicht, sie drang nicht bis zu uns nach oben in die Pyrenäen. Aber anscheinend schärfte die diktierte Ablehnung, die tägliche Kritik des Zeitgeistes meine Ansichten und forderte meinen Widerspruchsgeist heraus. So schrieb ich von der Notwendigkeit der Mode und der Schönheit der Mini-Röcke. Ich bekam die beste Note der ganzen Region. Ich triumphierte strahlend in meinem weißen Hemd, und La Biquette bekam noch rötere Backen. Am Abend nach der Bekanntgabe der Ergebnisse packte sie mich auf dem Schulhof am Arm und flüsterte: »Ich habe es dir gesagt! Du hast den Kampf gegen deinen Rücken gewonnen.«

7

Direktor Pir war aus Köln, ein überzeugter Quäker, also ein Pazifist. Bei Ausbruch des Zweiten Weltkriegs hatte er sich zusammen mit Yvette, seiner Frau, hier bei Mosset zwischen den Ruinenwänden eines Klosters aus dem elften Jahrhundert versteckt. Es gesellte sich zu ihnen ein französischer Kriegsdienstverweigerer mit langen Armen, breiten Händen und einer selbstgerollten glimmenden Zigarette zwischen den Lippen vierundzwanzig Stunden am Tag: Laurent.

Pir, seine Frau und Laurent wurden nicht müde, bis die Ruinen zu einem bewohnbaren Haus geworden waren; auf dem Giebel, gegen den Canigou gerichtet, stand immer noch die gewundene, vergilbte Jungfrau Maria, die sie damals aufs Dach gesetzt hatten. Nicht weit von der gelben Hausfassade begann mein Kumpan, der Walnußbaum, zu wachsen. Irgendwann erhielt der Ort plötzlich einen Namen: *Mas* du Perthuis. Ein »Mas«, das sind ein paar Häuser, ohne Kirche und Rathaus.

Im Jahre 1942 verriet der Pfarrer von Mosset Direktor Pir an die Deutschen. Pir wurde an die russische Front geschickt. Als er später in die Pyrenäen zurückkam, empfing ihn seine Frau Yvette kalt und abweisend. Vielleicht war sie enttäuscht, daß er davongekommen war. Sie hatte sich inzwischen in Laurent verliebt, und er sich in sie. Wahrscheinlich erlebte Yvette in diesen Kriegsjahren ihre letzte leidenschaftliche Zeit. Sie und Laurent, allein in den Ginstern.

Dann gründete Yvette zusammen mit den zwei Männern ein Kinderheim. Während der Franco-Zeit wurden hier ein Dutzend Kinder aus dem Süden der Halbinsel versteckt. Sie hatten in ihrem Leben noch nie Schnee gesehen, und so riefen sie den Schneeflocken entgegen: »Zucker aus dem Himmel! Zucker aus dem Himmel!«

Wie Yolande an diesen abgelegenen Ort gekommen ist, weiß ich nicht. Nach dem Krieg gehörte jedenfalls auch sie zur *Gemeinschaft* – so nannten sie La Perthuis von nun an: ihre Gemeinschaft.

Ein gemeinsames Schlafzimmer der Eheleute gab es nun nicht mehr, Pir wurde zwei Zimmer weiter einquartiert. Bis zu seinem Tod war er nun wieder Junggeselle. In meiner gesamten Internatszeit habe ich nie einen liebevollen Blick oder eine Geste der Zuneigung seiner Frau erlebt. Und Yolande, aus Hörigkeit zu Yvette, übernahm deren Kälte und Verachtung.

Pir verachtete die Nazis, und deshalb sprach er nur noch Französisch. Ich versuchte, sein Vertrauen zu gewinnen, und so sprach ich ihn auf deutsch an. Einmal ging er darauf ein, doch ich konnte sein Kölsch nicht verstehen. Sein Gesicht wurde weicher, sobald er in seiner Muttersprache redete, Französisch sprach er so, als würde er sich auf die zusammengezogenen Backen beißen. Er unterrichtete Deutsch, Geographie und Geschichte. Wenn ich mir Vercingetorix, Napoleon und Bismarck vorstelle, dann sehen sie alle so aus wie Herr Pir. Seine Begeisterung für diese Helden hielt sich allerdings in Grenzen, denn nach dem Krieg war er Skeptiker geworden und nie mehr begeisterungsfähig. Eine beachtliche Leistung für einen Deutschen.

Beim Unterricht zog er sich die Pulloverärmel über die Handgelenke, und packte ihn die Wut, warf er kraftvoll und hilflos zugleich die Kreide gegen die Tafel, wo sie in Stücke brach. Er rauchte im Unterricht, sog an der Zigarette und schloß dabei die Augen. Er war der Welt entrückt, und wir mit ihm. Am meisten genoß ich die Geographiestunde. Wie liebte ich es, mit dem Finger auf der Karte bis in die Mandschurei, in den Kaukasus oder nach Libyen zu wandern.

Je nach dem Fach, das er unterrichtete, wurde Pir zu einem anderen: Beim Rechnen war er zornig und aufbrausend – in Geschichte und Geographie schien es, als lernte er mit uns. Er wurde ein Gleichaltriger. Und heute bin ich mir sicher: Man lernt als Schüler nur dann, wenn der Lehrer mitlernt – oder zumindest so tut als ob.

Er mischte sich nie in erzieherische Fragen ein, das überließ er seiner Frau. Zeit seines Lebens hielt er die Distanz zu seinen Schülern aufrecht, er stand unseren persönlichen Angelegenheiten fern. Schon früh am Abend ging er auf sein Zimmer, setzte sich auf den Rand seines Bettes und studierte Geschichtsbücher – saß kerzengerade, das Buch auf den Knien. Sein Zimmer blieb stets bis in die tiefe Nacht erleuchtet. Erst nach seinem Tod haben wir das Zimmer nachts dunkel gesehen.

Er starb in einem Sommer. Als wir aus den Ferien zurückkamen, war unser Direktor schon begraben. Der Pfarrer von Mosset sagte, das ganze Dorf würde sich heute noch dafür schämen, daß einer seiner Amtsvorgänger den deutschen Pazifisten an die Nazis verkaufte. »Für ein Kilo Kaffee!« Er vergaß auch nicht zu erwähnen, daß bei Kriegsende eine Gruppe der Resistance den Kirchenmann aus seiner Kirche holte, um ihn am nächsten Baum aufzuknüpfen. Der Anführer dieser Gruppe war im übrigen ein kräftiger Schäfer, der uns zweimal im Jahr die Köpfe scherte. Ich schaute auf seine großen roten Hände und stellte sie mir am Hals des Geistlichen vor …

Das Zimmer blieb leer nach Pirs Tod. Welche Augen

schauen wohl heute diese Wände und dieses Parkett an? Wie riecht es jetzt? Es mag an der gleichen Stelle liegen, aber alles andere ist ... anders. Sogar die Vergangenheit seines Zimmers ist vergangen.

8

Direktor Pir war nicht mehr unter uns in der Gemeinschaft, und plötzlich fehlte es an Distanz – und an Weite. Die anderen Erzieher waren nur auf uns Schüler konzentriert, sie hatten kein anderes Leben, wie Pir es hatte. Sie ließen uns nicht aus den Augen, nicht einmal beim Essen. Die Tische des Refektoriums waren in Form eines Hufeisens zusammengeschoben, in deren Mitte, auf einem Hocker, der riesige Suppentopf.

Die Erwachsenen saßen gemeinsam an einem Tisch, keiner mit dem Rücken zu uns. Wenn sie miteinander sprachen, warfen sie sich kurze Blicke aus den Augenwinkeln zu. Ansonsten musterten sie uns, die Köpfe tief über die Teller gebeugt. Wenn sie aufstanden, gingen sie rückwärts, um uns keine Sekunde aus den Augen zu verlieren. Manchmal stießen sie dabei unfreiwillig gegen die Wand. Noch heute höre ich ihre Stimmen:

– Schau uns (die Erwachsenen) nicht so erwartungsvoll an beim Essen!

– Du hast genug Brot gehabt für dein Alter!

– Zieh nicht die Milchhaut aus der Tasse, auch sie ist Milch, schluck sie mit dem Kakaolöffel!

– Wackle nicht mit den Knien, der ganze Tisch wackelt mit. (Meist erwischte es den Falschen.)

– Flüstere nicht, du auch nicht, es ist keine Beichtstunde!
– Was lachst du?!
– Warum lachst du nicht?!
– Was schaust du unter den Tisch? He da, was treibt ihr da unter dem Tisch!
– Schneuz dich!
– Der Teller ist noch nicht sauber genug!
– Hunger ja, aber beim Kartoffelschälen besonders langsam, weil das Fräulein eben faul ist.

Als Pir noch lebte, saß er während des Essens am Ende des Tisches, schaute vor sich hin oder in seinen Teller, jedenfalls nicht auf uns, und hörte sich die Ermahnungen an. Er erscheint mir heute wie der Bundespräsident, dem kaum Rechte zustehen außer Repräsentation und friedliche Gleichgültigkeit. Wurden wir nicht gerade ermahnt, hörte man nur die Bestecke klappern, ein bedrückender Ton. Klir ... klir ... Kaum war das Essen vorbei, erhob sich ein allgemeines Murmeln, bevor wir lärmend aufsprangen, um in den Hof zu stürmen und uns von der Essenszeitbeklemmung zu befreien.

Heute weiß ich, daß die »Gemeinschaft« eine kleine totalitäre Republik war – in der ich mich sogar wohl gefühlt habe. Es ist kaum ein Zufall, daß uns eine der Schulreisen in die Tschechoslowakei führte, zu einer Zeit, als der Prager Frühling noch nicht ausgebrochen war. Wir besuchten Kolchosen, Schulen, Jugendorganisationen. Immer wenn der tschechoslowakische Organisationsleiter etwas erklärte, flüsterte Yvette in unserem Rücken: »Genau wie bei uns, wie bei uns!« Und als wir in Brno (Brünn) eine verlassene Straße überquerten, kein Mensch weit und breit, rief sie: »Findet ihr nicht, daß die Menschen hier viel glücklicher aussehen als in unseren übersatten westlichen Ländern!« Mich beeindruckte auf dieser Reise weniger das Glück der Menschen als die großen Zedern auf der Hohen Tatra.

Die Calvinisten und Quäker der Gemeinschaft von Le Perthuis entdeckten in sich eine seltsame Nähe zum Kommunismus: Öffentliches Teilen gehörte zu den wichtigsten Tugenden. Kam ein Paket mit Geschenken und Süßigkeiten von zu Hause an, durfte man es nur von außen betrachten. Der Inhalt wurde beschlagnahmt und für einen besonderen Anlaß aufgehoben, dann gerecht verteilt.

Die Briefe, die wir nach Hause schrieben, mußten der Direktorin vorgelegt werden, und auch die, die wir erhielten, las sie als erste. Dann übergab sie uns den geöffneten Umschlag. Noch heute empfinde ich ein an mich adressiertes aufgerissenes Kuvert als eine der größten Demütigungen, auch wenn es ein Geschäftsbrief ist.

So sah ein typischer Brief an meine Eltern aus:

»Liebe Eltern,

es geht mir gut. Warum macht ihr euch Sorgen? Hier ist die Luft gesund, und wir heizen die Schlafzimmer nicht, damit wir die kalte Luft auch nachts einatmen können. Gestern zeigte das Thermometer minus elf Grad! Ich bin glücklich, das schwöre ich euch. Ach, Glück ist gar kein Ausdruck: Yvette findet, daß man mir meine Freude noch am Abend, durch die Müdigkeit hindurch, ansieht ... Gestern nachmittag haben wir die Wäsche im Fluß gewaschen. Er war zugefroren, und wir haben Löcher hineingebrochen, in die wir die Hemden tauchten. Heute sind meine Finger ein bißchen geschwollen ...«

Die Geschichte mit den Fingern mußte ich streichen.

»Habe ich euch, meine lieben Eltern, schon unseren Tagesablauf geschildert? Damit ihr wißt, daß ich nicht die Zeit totschlage: Wir stehen um 6.30 Uhr auf. Es geht alles ganz rasch, und schon stehen wir vor unseren Betten, die wir eins, zwei, drei aufschlagen, um die Leintücher erst einmal ordentlich zu lüften.

Im Winter, wie jetzt gerade, ist es draußen noch Nacht, und wir eilen zur Dusche.« (Das waren fünf Eisenhähne, unter denen wir uns schlotternd wanden.) »Dann treffen wir uns alle in der Scheune und schälen das Gemüse für das Mittagessen.

Anschließend Frühstück. Das Brot essen wir ohne Butter, aber mit einer selbstgemachten Aprikosen- oder Erdbeermarmelade. Es gibt hier Aprikosenbäume und Erdbeerfelder. Ich bekomme schon drei Stullen, die Jüngeren bekommen nur zwei, ab vierzehn Jahren bekommt man vier Stullen. Ich werde nie satt!«

Auch dieser Satz wurde zensiert.

Ich war kein Kritiker des Regimes, schlimmer: Einer meiner wesentlichen Charakterzüge entfaltete sich hier in der Gemeinschaft: Ich machte mit. Ich sagte ja, ich stellte mich gut mit den Erziehern. Ich lächelte soviel wie möglich, um mich fröhlich zu zeigen. Und vielleicht wurde ich es auch dank dieser Technik. Ich spürte genau, wenn mich Yvette aus ihrem Fenster beobachtete. Dann versuchte ich, besonders natürlich, besonders arglos, besonders heiter zu wirken. Ich genoß diesen berurteilenden Blick.

Ich spielte die Rolle eines Musterschülers, im täglichen Umgang mit meinen Kameraden und mit unseren Erziehern, und ich spielte sie konsequent. Ich erhielt die Aufgabe, ein Auge auf Benoît, den Bettnässer mit der Igelfrisur, zu werfen, über den mir anvertraut wurde, daß er Kleptomane sei. »Ertappe ihn und komm zu uns!« wurde mir eingeschärft.

Benoît steckte ein, was er nur fand: Gabeln, Radiergummis, Nagelscheren und die Socken seiner Schulgefährten. Seine Backen wurden feuerrot und blähten sich, wenn man ihn dabei erwischte. Ich habe ihn einmal so lange geohrfeigt, daß er vor Angst auf das Schlafzimmerparkett pinkelte. Ich erschrak über mich selbst, ich hatte in mir eine Art Sadismus entdeckt. Also bat ich Laurent – den unerbittlichsten von allen Erziehern –, mich von der Aufgabe der Spionage zu entbinden. Ich bekam Mitleid mit Benoît, in der Jugendzeit ein Gefühl der Wonne, und tätschelte nun seine Igelfrisur, sobald ich ihn traf. Ich wollte die Ohrfeigen wiedergutmachen. Ich wollte nicht nur von den Mächtigen geliebt werden, sondern von allen ... von allen!

Beim Frühstück setzte ich mich neben einen Kameraden, und während ich auf sein Brot schielte, sagte ich: »Weißt du, Antoine, daß heute ein großes jüdisches Fest ist? Bei diesem Fest müssen alle kleinen Franzosen ihren jüdischen Nachbarn eine Scheibe Brot opfern. Es bringt ihnen Glück.« So wurde ich satt. Unserer Direktorin gefiel der Ausdruck jüdisch nicht besonders. Sie nannte meine Herkunft nicht jüdisch, sondern wie in der feinen Gesellschaft israelitisch. Ich weiß noch, wie sie bei Ausbruch des Sechstagekriegs in die Klasse stürmte und ausrief: »Die Israelis haben gerade die ägyptische Luftwaffe grundlos zerstört!« Dabei starrte sie mich an, als verlangte sie von mir eine Erklärung.

9

Nach außen hin war Le Perthuis konfessionslos. Es wurde keine Religion praktiziert und auch keine offen kritisiert. Doch nie werde ich jene Monate vergessen, als die Gläubigen plötzlich in unsere Gemeinschaft einbrachen.

Das französische Außenministerium hatte die Internatsleitung um die Aufnahme von einundzwanzig tibetanischen Kindern aus dem indischen Flüchtlingslager Dharamsala gebeten. Nach der Vetreibung aus ihrem Land durch die Armee von Mao Tse-tung warteten dort Tausende von Tibetern auf ihre Aufnahme in andere Länder.

Fünzig Meter vom Refektorium entfernt, dort, wo das Ginstergestrüpp am dichtesten war – wenn die Sonne brannte, sah es aus wie ein Feuermeer –, wurde aus Fertigbauteilen eine längliche Baracke errichtet. Nach vierzehn Tagen Bauzeit waren die drei Räume bezugsfertig: ein Mädchen- und ein Knabenschlafsaal, dazu der gemeinsame Aufenthaltsraum.

Eines Wintermorgens, sehr früh am Tage, erschienen dann die Tibeter, und in Le Perthuis wurde der Ausnahmezustand ausgerufen: Niemand war auf den Kulturschock vorbereitet, und es war wirklich einer! Wir standen zum Begrüßungsappell auf der Treppe in Reih und Glied und sahen zu, wie die Flüchtlinge einer nach dem anderen dem Bus entstiegen. Erstaunt und ängstlich blickten sie um sich, klopften sich auf die Oberarme und sprangen auf der Stelle. Sie froren. Sie hatten zwar bunte Anoraks, aber darunter waren sie eindeutig zu leicht gekleidet. Die meisten von ihnen trugen Turnschuhe ohne Socken. Kartons voller Kleider, die das Außenministerium geschickt hatte, warteten schon seit Tagen auf sie in ihrer Baracke. Jetzt grüßten sie uns, mit den Köpfen nach links und nach rechts wackelnd. Unter ihnen war ein älteres Paar, das die Kinder betreute, begleitet von einem Gesandten des Dalai-Lama, alle drei in gelben Mönchskleidern. Die beiden Männer hatten die Haare kurzgeschoren, und die Frau sah aus wie eine Indianerin aus einem Wildwestfilm: zwei lange schwarze Zöpfe hingen an ihr hinab bis zur Hüfte.

Nachdem sie sich eingerichtet hatten, sollten die Tibeter gemeinsam mit uns zu Mittag essen. Wir saßen bereits vor dem dampfenden Suppentopf, aber sie erschienen nicht. Da hörten wir in der Ferne Gesänge, sich wiederholende Gebetschoräle, verschiedenstimmig angeführt von einem tiefen Horn. Wir horchten aufgeregt und gebannt. Die Erwachsenen blickten sich gegenseitig voller Skepsis an. Es kündigte sich in ihnen an: das Ende der friedlichen, gottlosen Zeit!

Nach einer Weile trafen sie im Refektorium ein, aber als sie am Tisch saßen, fingen sie wieder zu beten an. Immer wieder stimmten sie ein kollektives »Omaooo« an, was in meinen Ohren klang wie »O Mao!« Ich verstand nicht, warum die vom kommunistischen China verfolgten Tibeter ausgerechnet ihrem Erzfeind huldigten.

Wir waren zu ihren zahlreichen religiösen Festen und Zeremonien eingeladen, die ihren Tagesablauf bestimmten. Der große Aufenthaltsraum war in einen Tempel verwandelt; überall Kerzen und der scharfe Geruch von Räucherstäbchen. Unter den vielen Teesorten, die uns angeboten wurden, schmeckte mir eine besonders gut, meine Schulkollegen spuckten sie heimlich aus. Es war das tibetische Nationalgetränk: ein Tee mit Salz und ranziger Butter. Ich war schockiert, als ich die große Hakenkreuzfahne über dem Altar sah. Ich wußte nicht, daß es sich um eine Swastika handelte, die sich von dem Nazi-Emblem nur dadurch unterschied, daß die Haken in die andere Richtung zeigten.

Wir bewunderten die Tibeter für ihre ekstatischen Riten. Wie Kobolde tanzten sie unablässig auf der Stelle und klatschten dabei in die Hände, sie wollten gar nicht mehr aufhören. Wenn sie nicht tanzten, saßen sie entrückt im Schneidersitz und beugten den Kopf in ihren Schoß. Unsere Erzieher sahen die Sache nüchterner: »Die beten ja mehr, als der Tag Stunden hat! Wann lernen die denn?«

Vom Ministerium kam eine Verordnung: Da den Neuankömmlingen Frankreich als vorläufige Wahlheimat geschenkt worden sei, seien sie aufgefordert, den Unterricht mit den Internatsschülern zu teilen. Zuerst weigerten sie sich, aber eines Tages saßen sie plötzlich unter uns … und lernten. Und sie lernten mit beängstigender Schnelligkeit. Bald schon konnten wir uns mit ihnen auf französisch unterhalten. Sie erzählten uns von ihrer Vergangenheit in Tibet und ihren Sitten. Einige unter ihnen waren aus fürstlichen Familien und fragten, warum ihr Besteck hier nicht aus Silber oder Gold sei. Aus diesem Grund aßen sie mit den Fingern, aber wir durften das leider nicht nachahmen.

Von Tag zu Tag verstanden sich »die Erwachsenen« und die Tibeter schlechter. Nicht nur, daß die Erzieher voller Bewunderung für das rote China waren und hie und da eine entsprechende Bemerkung fallen ließen, es passierten noch ganz andere Fauxpas. Ich erinnere mich noch, wie unsere Direktorin einmal in ihrer Ungeduld zu einem der Tibeter sagte: »Ich kann nicht entziffern, was du da geschrieben hast … das ist doch chinesisch!« Diese Bemerkung löste große Empörung aus, denn mit Chinesen wollte kein Tibeter etwas zu tun haben, egal in welcher Beziehung.

Der Gesandte des Dalai-Lama schrieb einen Brief an die Internatsleitung: Darin stand, daß die einundzwanzig Kinder unter der schlechten Behandlung in Le Perthuis litten. Er schrieb sogar etwas von physischer Mißhandlung, aber das kann ich mir nicht vorstellen. Auch wenn unser Internat weder das Fremde noch die Religion wirklich verkraften konnte – es war nicht die Rote Armee, und die Wildkatze war auch kein Mao Tse-tung.

Doch der Streit eskalierte, und eines Nachts im Juli hatten sie die Flucht ergriffen. Den größten Teil ihrer Kleider hatten sie zurückgelassen, nur ihre Schreibtafeln, Gebetsmühlen und das lange Horn, in Bettücher gewickelt, hatten sie mitgeschleppt. Zwei Tage später wurden sie irgendwo in den Bergen von der Polizei aufgegriffen und zu uns zurückgebracht. Wir durften mit ihnen nur noch über die notwendigsten Dinge sprechen, sie sollten zu spüren bekommen, daß ihr Auszug ein Affront war, ein Fluchtversuch aus dem Paradies. Einen Monat später, nachdem alle Formalitäten geregelt waren, durften sie uns dann für immer verlassen. Lange noch dufteten die Räucherstäbchen in dem leeren Pavillon. Auf dem Parkett war eine feuerrote Dämonenmaske zurückgeblieben, die sich niemand zu berühren traute, und die bei Durchzug von einem Raum in den anderen glitt.

10

Die Gemeinschaft legte großen Wert auf klassische Musik. Mosset liegt nur zwölf Kilometer von Prades entfernt, und hier fand jedes Jahr das von dem spanischen Cellisten Pablo Casals initiierte Klassikfestival statt. Auch der Pianist Wilhelm

Kempf und der Gitarrist Narciso Yepes traten in Prades auf. Sie waren darüber hinaus Freunde der »Gemeinschaft«, und nicht selten verlängerten sie ihren Aufenthalt in den Pyrenäen, um ein Konzert für uns Schüler zu geben.

Igor Markewitsch war ein guter Freund von Yvette, er schenkte dem Internat einen riesigen Flügel. Die Wildkatze fühlte sich so geschmeichelt durch diese Freundschaft, daß sie früher oder später jeden Besucher auf das Thema Markewitsch brachte, um zu erwähnen, wie nahe sie dem Maestro stand. »Wie Igor immer sagt …« oder »Igor würde jetzt …«, so begannen ihre Lieblingssätze. Yvette schlich sich in die persönlichsten Geschichten ihres berühmten Freundes ein, und mit Schadenfreude kommentierte sie seine bevorstehende Scheidung. Am liebsten sah sie sich ganz allein mit ihrem exklusiven Bekannten.

Immer wieder hörten wir das marxistische Klischee, demnach Religion das Opium des Volkes sei; statt eines Gottesdienstes feierten wir jeden Sonntagmorgen andachtsvoll die klassische Musik. »Le Chant des Oyseaux« von Clément Jannequin kannte ich in- und auswendig, ebenso wie »Die vier Jahreszeiten« von Vivaldi.

Wir versammelten uns dazu im Speisesaal. Die Bänke wurden zu einem großen Viereck zusammengestellt. Wenn alle ruhig auf ihren Plätzen saßen, zog Pir vorsichtig eine Langspielplatte aus ihrer Hülle und wischte sie mit seinem weißen Taschentuch ab. Über den Rand seiner Brille hinwegschauend, kündigte er feierlich den Komponisten und das Stück an, und darauf die einzelnen Sätze: »Erster Satz: *Allegro con brio* … Zweiter Satz: *Andante arioso* … Dritter Satz: *Allegretto furioso* …« Er legte die Schallplatte auf den Plattenspieler, hob langsam den Tonabnehmer und plazierte die

Nadel vorsichtig auf den Plattenrand, wo sie eine Weile sprang und kratzte, bevor die ersten Töne zu hören waren. Wir, die Zöglinge des Internats Le Perthuis, bemühten uns, uns nicht in die Augen zu sehen – aus Angst vor den unvermeidbaren Lachanfällen, die diese Andachtsstunde hervorlockte.

Die Erwachsenen nutzen die musikalische Schweigestunde, um unsere Gesichter zu studieren, als könnten sie auf diese Art unsere Gedanken lesen. Das In-sich-Gehen war ein unausgesprochener Befehl. Die Augen der Erwachsenen versuchten sich in die Kanäle unseres Innenlebens zu bohren auf der Fahndung nach unreinen Gedanken. Wir konnten uns nie wirklich auf die Musik konzentrieren, aber wir ließen die Köpfe hin- und herschwingen, damit niemand spürte, daß wir tatsächlich woanders waren: zum großen Teil eben damit beschäftigt, die zudringlichen Blicke unserer Beobachter abzuwehren. Ich legte mir einen ganz und gar tadellosen, vollkommen auf die Musik konzentrierten Ausdruck zu.

Noch heute vermeide ich, wenn ich ein Konzert besuche, den Blickkontakt mit mir bekannten Personen. Noch heute habe ich Angst davor, plötzlich laut loszulachen, ja, ich kann diese feierlichen Musikversammlungen, wo keiner mehr richtig zuhört, weil er mehr auf seinen Ausdruck konzentriert ist als auf die Musik, überhaupt nicht ertragen. Diese Zusammenkünfte empfinde ich im Gegensatz zu den religiösen wirklich verlogen und unnatürlich.

Und doch gab es inmitten dieser verordneten Lausch-Andacht auch Momente der Aufrichtigkeit. Die langsamen und traurigen Sätze brachten mich zur Musik zurück. Das Adagio entspricht meinem Gemüt. Hier fordert die Musik nicht zur Heiterkeit auf, sie hetzt einen nicht ins Glück hinein, wo man erst recht auf das Gegenteil stößt. Allegros verkrampfen mich. Ich erinnere mich, wie der große Philosoph Cioran einmal zu einer trauernden Freundin von mir sagte:

»Wenn Sie trauern, lesen Sie traurige Geschichten, niemals heitere. Sie können sich auch tragische Filme anschauen, oder Sie hören sich die langsamen Sätze von Beethovens Klaviersonaten an ...«

11

Bücher spielten im Verhältnis zur Musik eine untergeordnete Rolle in unserer Gemeinschaft. Die Schallplatten wurden nach der sonntäglichen Andacht sorgfältig in ihren Hüllen aufbewahrt und dann weggesperrt, die Bibliothek war in einem Zimmer untergebracht, in dem Kinder »mit Problemen« oder »Konzentrationsstörungen« zeitweise einquartiert wurden. Auch Benoît, der Igelkopf, wohnte hier eine Weile, während ich auf ihn aufpaßte und ihn zu seinen Geständnissen zwang.

Das Zimmer befand sich im Untergeschoß. Das einzige Fenster darin ging auf die schattige Seite des Hofes. Zur anderen Seite erhob sich hinter der Mauer ein großer Felsen: La Falaise, der dem Zimmer seinen Namen gab. Dadurch war die Bibliothek im Sommer angenehm kühl, im Winter dafür um so trister, feucht und kalt.

Die Bücherregale machten das Zimmer noch finsterer. Alle Bücher waren in braunes Packpapier gebunden. Der Titel stand in winziger Schrift auf der Vorderseite, darunter der violette Stempelabdruck des Internats. Es gab kein Buch, das einem von weitem zugewunken hätte, wenn man das Zimmer betrat, wie in der Bibliothek meines Vaters. Wie viele Stunden hatte ich als Kind dort verbracht, vor den Tausenden Bänden, deren Rücken sich mir in den verschiedensten Farben verheißungsvoll entgegenstreckten: rot, grün und blau, viele in verblichenen Farben; einige dick, andere schmal, einige großformatig, andere winzig klein. Naturwissenschaftliche Bände, Bücher von Vogel- und Schneckenforschern, Biographien und Gegenwartsliteratur, und natürlich die Klassiker, davon viele in Erstausgaben, wie zum Beispiel das Lieblingsbuch meines Vaters: »Alice im Wunderland«.

Ich stand oft wie gebannt vor den Regalen. Hier und da zog ich ein Buch heraus, öffnete es, nur um das Geräusch des Aufklappens zu hören. Manchmal wünschte ich mir, daß ich, wenn meine Augen einen Titel fixierten, das Gedruckte darin in mich aufsaugen könnte. Ich erinnere mich an ein Wort meines Vaters: »Die schönste Bibliothek der Welt ist die, deren Türen noch nicht aufgeschlossen worden sind.«

Und so ging auch von der kleinen dunklen Bibliothek La Falaise mit den unbekannten Büchern in ihren Packpapieruniformen eine geheimnisvolle Faszination aus. Es war verboten, einfach ein Buch zu nehmen, La Biquette suchte für uns diejenigen aus, die ihr geeignet schienen. Ihre Favoritin war Pearl S. Buck, aber ich habe mich geweigert, das zu lesen. Von Enid Blyton sind mir die »Fünf Freunde« im Gedächtnis geblieben. Den Roman »Drei Mann in einem Boot« von Jerome K. Jerome habe ich noch in Erinnerung, weil wir ihn nacherzählen sollten, ich glaube, ich habe jedes zweite Kapitel übersprungen.

Für unsere Direktorin sollten die Dichter ein Beispiel an Tugend und Keuschheit sein. Einmal vergriff sie sich im Titel und las uns André Gides »Si le grain ne meurt« (Stirb und werde) vor. An der Stelle, an der der Autor von seinen ersten sexuellen Erfahrungen zu Hause unter dem Eßtisch mit einem anderen Jungen erzählt, erschrak sie kurz und nuschelte irgend etwas. Als die heikle Stelle vorüber war, fuhr sie fort. Yolande gab uns »Die Pickwicker« zu lesen und »Tom Sawyer und Huckleberry Finn«. Damit uns bewußt werde, wie gut wir es im Unterschied zu den anderen Kindern hatten, sollten wir »David Copperfield« und »Oliver Twist« lesen. Das finnische Nationalepos, »Die sieben Brüder« von Aleksis Kivi, sollte uns Mut und Tapferkeit lehren.

Aber ich las lieber die Gedichte von Joachim Du Bellay. Ich weinte über das Gedicht »Heureux qui comme Ulysse«. Als Diplomat in Rom trauerte Du Bellay darin seiner Heimat, und ganz besonders seinem Geburtsort nach:

Glücklich, wer wie Ulyss glorreich die Welt durchfahren,
Oder wie jener Held, der sich das Vlies gewann,
Und kehrt nach Haus zurück, erprobt, als weiser Mann,
Lebt im vertrauten Kreis den Rest der Lebensjahre!

Wann schau ich, wann, den Rauch, der aus dem Dörfchen steigt
Zum Himmel auf? und ach, wie lang muß ich noch warten,
Bis ich es wiederseh, mein Haus, den kleinen Garten?
Ein ärmlicher Besitz, mir wie Provinzen weit.

Lieber ist mir der Bau, den meine Väter setzten,
Als die verwegene Front der römischen Paläste,
Lieber als Marmorglanz das sanfte Schiefergrau,
Lieber die fränkische Loire als der lateinische Tiber,

Und als der Palatin mein heimatlicher Hügel,
*Lieber als Seewind fühl ich Anjous Lüfte lau.**

Auf dem obersten Regalfach lagen übereinandergestapelt die sieben Bände der »Suche nach der verlorenen Zeit«, auch sie braun verkleidet wie Klostermönche. Spinnweben und eine Schicht Staub hatten sich darauf gelegt. Ich griff nach einem der Bände. Yolande stand in der Tür und musterte mich.

»Darf ich?« fragte ich.

Sie nahm mir das Buch aus der Hand, blätterte darin, las sich fest und lächelte verschämt. Dann stellte sie den Band zurück ins Regal und griff zum nächsten: »Ein großes Werk, sicher, aber mein lieber Freund, das ist … Marcel Proust, das ist eine Droge. Wenn man damit anfängt, gibt es nichts anderes mehr auf der Welt, und wie willst du die *Recherche* lesen und gleichzeitig deine Reifeprüfung bestehen?«

12

Laurent gehörte zu den drei Gründern der Schule. Er war verheiratet mit der Erzieherin Jacqueline. Jacqueline war die einzige der Erwachsenen, die den Sonntagskonzerten eine gewisse Skepsis entgegenzubringen schien. Ich beobachtete sie, wie sie sich ab und zu streckte, um nicht zu gähnen. Oder wie sie plötzlich auf ihre Uhr schaute und die Stirn runzelte: Die Zeit wollte und wollte nicht vergehen. Sie war ebenfalls

* »Heureux qui comme Ulysse« von Joachim Du Bellay. Aus dem Französischen von Werner von Koppenfels. Mit freundlicher Genehmigung © Werner von Koppenfels.

aus Genf und Calvinistin wie unsere Direktorin. Nur daß sich bei ihr die Strenge in einen unwiderstehlichen Reiz verwandelt hatte.

Sie saß oft in der Küche auf dem Herd, den Rock knapp über die Knie gezogen. Ich sehe ihre langen Beine baumeln, marmorweiße Beine mit einer rosa-blauen Pigmentierung wie auf dem Hals eines gerupften Huhns. Ich freute mich auf ihre Knie. Von morgens bis abends und nachts im Bett stellte ich sie mir vor: mal rund, mal spitz, mal rauh, mal weich. Dazu sah ich ihren sachlichen Gesichtsausdruck. Für sie hätte ich gerne auf meine Sommerferien zu Hause verzichtet.

Jacqueline leitete die Theatergruppe des Internats, Weihnachten und Ostern gab es Aufführungen. Sie wählte die Stücke aus, tippte die Rollen ab, und wir probierten: »Galileo Galilei«, »Der Revisor«, »Arzt wider Willen«, »Kennen Sie die Milchstraße?« Die Anfänge meiner Schultheaterkarriere waren eher bescheiden, in meiner ersten Rolle hatte ich nur den einen Satz zu sagen: »Rufen Sie Boumboum!« Aber im Laufe der Jahre wurde ich zu ihrem Favoriten und bekam einige Hauptrollen, darunter Galileo, dem Brecht die Worte gab: »Unglücklich das Land, das Helden nötig hat …«

Von der Bühne aus konnte ich ihr auf die Knie schauen. Sie saß, die Beine ineinander verschlungen, auf einem Tisch. Wenn ich um eine Anweisung bat, sprang ich von der Bühne, ging mit dem Text zu ihr und setzte mich neben sie auf den Tisch, so, daß meine Beine mit ihren in Berührung kamen.

Ich machte mir Gedanken darüber, ob Jacqueline je etwas von meinem Verlangen gespürt hat, wie präsent oder wie fern die Sexualität ihrem Wesen war. Sie lebte zusammen mit Laurent und ihren drei Kindern in der Gemeinschaft, in einem separaten Haus am Hang, oberhalb des Küchengebäudes. Ich war niemals dort, nur in meiner Phantasie. Aber auch die traute sich nur bis ins Wohnzimmer, vor der Schlafzimmertür machte sie, ich weiß nicht warum, halt.

Jacqueline führte Regie auf unschuldige Art. Sie hatte keinen anderen Ehrgeiz, als das Stück zusammen mit den Schülern auf die Bühne zu bringen – glaubhaft auf die Bühne zu bringen. Ich sehe noch, wie sie uns von ihrem Tisch aus anschaute. Ihre tiefblauen Augen verloren sich in der Ferne, während sie auf einem Bleistift kaute. Vielleicht ist sie mir später Vorbild geworden, vielleicht blicke ich heute auf die Schauspieler wie einst Jacqueline. Wenn ich mich ertappe, wie ich auf der Probe auf einem Kugelschreiber kaue, erscheinen sie und ihre Knie mir wieder vor Augen.

Später, als ich anfing, den Beruf eines Regisseurs auszuüben, habe ich Jacqueline zu einer Premiere eingeladen. Ich hatte von ihr noch immer dieselbe Vorstellung wie damals und wollte sie beeindrucken. Doch ihre Stimme war jetzt leicht zitternd, wie bei älteren Damen üblich, und ihre hellen Haare waren grau geworden, gebändigt durch einen in der Mitte des Kopfes gezogenen, durchgehend weißen Scheitel. Sie trug feste Wanderschuhe und einen Rock bis zur Wade. Die Idealisierung brach gänzlich zusammen, als sie mich nach der Aufführung beiseite nahm und bemerkte: »Da steckt viel Arbeit dahinter.« Die calvinistisch-kommunistische Weltanschauung von Le Perthuis hatte mich eingeholt.

Laurent, der an diesem Abend mit ihr gekommen war, wackelte die ganze Zeit mit dem Kopf, ohne ein Wort zu sagen, aber das war kein Ausdruck der Zustimmung, sondern das Alter.

Ich war froh, ihn wiederzutreffen. Als Kind hatte ich mich vor ihm ein wenig gefürchtet, nun konnte ich mich ihm überlegen fühlen. Damals im Internat trug er Knickerbocker und dazu breitmaschige Pullover, die Jacqueline ihm gestrickt hatte. Es waren weiße Schlitten darauf, die von Hirschen gezogen wurden. Beim Ein- und Ausatmen schienen sie sich in Bewegung zu setzen und um seinen Brustkorb herumzulaufen.

Laurent war berüchtigt für seine schlechte Aussprache. Seine glimmende Zigarette blieb an der Unterlippe kleben, während sich sein Mund öffnete und schloß. Die breiten Hände hingen an der Seite herunter und erweckten den Eindruck, als warteten sie nur auf einen Anlaß, um zuzuschlagen. Zwischen Laurents Händen und seinem Nuscheln gab es eine direkte Beziehung: Seine Anordnungen waren kaum wirklich zu verstehen, und so schlug er zu, wenn er feststellte, daß diese nicht ausgeführt wurden.

Unter den Knickerbockern schauten seine dünnen Beine hervor, die von hohen braunen Bergschuhen gehalten wurden. Wenn er über den Hof spazierte, drehte er mit den Schuhen kleine Steine um, die er auflas und in weiten Bogen den Hang hinunterwarf.

Er war für alle manuellen Tätigkeiten in der Gemeinschaft zuständig: die Kartoffel- und die Erdbeerernte, das Fällen von Bäumen (der spanische Gärtner war kurz nach meiner Ankunft gestorben) und die Schreinerwerkstatt. Mit uns Schülern unternahm er lange Bergtouren, seine Idole waren allesamt Alpinisten, vorwiegend tragisch Verunglückte, aber auch solche, die mit ein paar verlorenen Fingern davongekommen waren – wie zum Beispiel Maurice Herzog während der Erklimmung des Annapurnas. Ich gehörte zu denen, die als Schwächlinge galten, bei einer der Bergtouren war ich in Ohnmacht gefallen. Laurent gab mir das Buch »Les conquérants de l'inutile« (Die Eroberung des Nutzlosen) von Lionel Terray zu lesen, der von der Eigernordwand abgestürzt war. Nichts beruhigte mich mehr beim Einschlafen, als mir all diese Expeditionen mit tragischem Ausgang auszumalen, die mich in Schauder und Schwindel versetzten.

Da ich Jacquelines Gunst genoß, behandelte mich Laurent nachsichtig, aber zugleich distanziert. Wie viele ungehobelte Menschen liebte er das Theater und vor allem Molière. Er richtete für die Schüleraufführungen das Licht ein. Plötzlich verwandelte sich der Stärkste unter den Erziehern in einen sonnigen weichen Kunstliebhaber. Und wenn er uns nach der Premiere ein enthusiastisches Kompliment machte, kam es sogar vor, daß er seine selbstgedrehte Zigarette aus dem Mund nahm.

13

Obwohl Le Perthuis ein gemischtes Internat war (vielleicht auch gerade deswegen), wollten die Erwachsenen unsere Seele ergründen, sie wollten uns die Sexualität austreiben. Für die Frau Direktorin, die Wildkatze, waren Mädchen der Teil der Menschheit, vor dem man sich in acht nehmen sollte.

Vor Marion zum Beispiel, einem dicklichen Mädchen von zwölf Jahren. Sie trug nur blaue Kleider, blaue Strümpfe, blaue Bluse und eine blaue Strickjacke. Ihr schwarzes Haar sah wie eine Perücke aus. Sie konnte rennen, strampeln, springen und fallen: Nichts auf dem Kopf geriet in Unordnung. Wie viele Kinder ihres Alters fiel sie oft hin, ihre beiden Knie waren fast immer aufgeschlagen, Sommer wie Winter. Die Wunden waren noch nicht ganz ausgetrocknet und abgeheilt, da war sie schon wieder die Treppe hinuntergestürzt. Ihre Knie sahen aus wie ein Haufen zerdrückter Kirschen.

Mit ihr verbinde ich meine erste Vorstellung von Sexualität. Kurz nachdem wir – erst sie, dann ich – die Gemeinschaft verlassen hatten, trafen wir uns in Wuppertal-Barmen. Ohne ein Wort zu wechseln, sind wir aufeinander losgegangen. Jeder wollte dem anderen beweisen, daß wir es in unserer Kindheit vorausgeahnt hatten, was sich jetzt zum ersten Mal realisierte: wirkliche Sexualität. Als Kind spricht man darüber und macht Witze, aber man glaubt nicht wirklich daran, daß sie existiert. Bei unserem Treffen trug sie wiederum einen blauen Rock, der aber viel kürzer war als die, die sie im Internat anhatte.

Sie verließ Deutschland gleich wieder und fuhr zurück nach Paris, ich hörte nichts mehr von ihr. Einen Monat nach unserer Begegnung erfuhr ich, daß Marion, als sie in Paris durch die Stadt schlenderte, von einem Lastwagen mitgerissen worden war, der sie zerfetzte. Ihr ganzer Körper war zu einem einzigen wunden Knie geworden.

Dann Soledad, eine Spanierin. Ihre riesige Brille vergrößerte ihre Augen, in meiner Vorstellung sind sie so groß, daß sie rechts und links über ihr Gesicht hinausragen. Obwohl sie aus Andalusien stammte, hatte sie hellblondes Haar. Sie war zu klein für ihr Alter und so anziehend wie eine Lolita. Die große Brille schmälerte ihre Reize nicht, im Gegenteil: Irgendwann, dachte ich, würde sie die Gläser für mich ablegen, wie andere Mädchen ihre Zahnspange. Alle Jungen machten

Soledad den Hof. Sie ließ es sich, kokett mit den Augen blinzelnd, gerne gefallen. Während des Unterrichts legte ich, wenn ich neben ihr saß, meinen Fuß auf ihren. Sie erwiderte es, legte ihren Fuß auf meinen.

Die kurz- und schwarzhaarige Paulette spielte mit acht Jahren Cello wie eine Virtuosin. Sie war dünn und zerbrechlich, ihre Knochen konnte man einzeln zählen. Mit ihren durchsichtigen bläulichen Händen übte sie auch ohne Instrument: Wo sie ging und stand, bog und streckte sie die Finger.

Ihre dunklen Augen waren nur auf uns Jungen gerichtet, nie auf die Mädchen. Wie oft haben wir uns zusammen im Wald versteckt. Wir machten ein kleines Lagerfeuer, und sie tanzte vor den Flammen. Sie träumte davon, den ganzen Wald in Flammen aufgehen zu sehen im Sommer, wenn es trocken war. Ein fallengelassenes Streichholz würde genügen.

Eines Nachts ist sie aus dem Internat geflohen. Zu Fuß lief sie bis nach Perpignan. Niemand wußte, warum sie das tat, ich glaube, es steckte einfach in ihr drin: Sie konnte sich dem Kollektivgeist nicht beugen. Irgend jemand hat mir erzählt, daß er sie zehn Jahre später in Paris gesehen hat, »Das Kapital« von Marx unterm Arm wie eine Bibel. Ich wollte sie suchen, doch ich weiß nicht mal mehr ihren Familiennamen. Paulette, wo magst zu sein? Sicher bist du jetzt irgendwo auf der Welt in einem Orchestergraben versteckt. Ich sehe deine kleine Faust, wie sie den Bogen umklammert und wie wild die Cellosaiten reibt.

Dann die schlampige Leila aus Oran, immer in zerrissenen Kleidern. Sie weinte Tag und Nacht, und auch sonst riß sie ihren Mund »tragisch« auf, wie die Falconetti in »Jeanne d'Arc« von Dreyer. In meiner Erinnerung rennt sie fortwährend vor einem Unglück davon. Hinter ihr passiert etwas Schreckliches, und sie rennt um ihr Leben. Die Erwachsenen hielten sie für mehr oder weniger verrückt, manches Mal mußte sie ins Bügelzimmer und dort alleine essen. Es störte sie nicht. Sie sang so laut, daß wir es beim Essen im Refektorium hören konnten.

Ich, das jüdische Kind, konnte mich mit dem arabischen Mädchen verständigen, vielleicht weil wir beide die Wüste kennengelernt hatten, sie allerdings ganz unmittelbar. Den Winter konnte Leila von uns allen am schlechtesten ertragen. Ihre Finger und Füße wurden dunkelrot und rissig. Wenn wir in den Bergen wanderten, wirkte sie in ihrem unförmigen Anorak wie ein Insekt mit bunten dicken Flügeln, zu schwer, um abzuheben.

Auf der Suche nach der eigenen Sinnlichkeit, nach der sexuellen Identität, stellt man fest, daß sie uns bereits beschäftigte, uns kommandierte und den Tagesablauf auf den Kopf stellte, lange bevor wir davon wußten. Ich spreche nicht mehr von Marion, Soledad, Paulette und Leila, sondern von meinem Mitschüler Theobald Rosselo aus Panama.

Was macht er heute? Sitzt er im Gefängnis oder lebt er brav mit einer vielköpfigen Familie in Südamerika? Je ne sais pas … Befremdend fand ich als Junge, daß dieser Mischling – halb Indio, halb Spanier – Tiroler Lederhosen trug. Schon im dreizehnten Lebensjahr überragte er an Größe alle unsere Lehrer, sogar den kräftigen Laurent, den wir so fürchteten. Um so grotesker war es, wenn Laurent sich vor Theobald aufbaute, um dem Jungen Respekt einzuflößen.

Theobald liebte es, Geschäfte zu machen. Es gelang ihm, einen Haufen aufgelesener Kieselsteine gegen einen Finger voll Marmelade zu tauschen. Er erklärte, daß diese Steine

»heilig« seien, und wenn wir nicht auf sein Angebot eingingen, würden sie uns Unglück bringen.

»Die Kieselsteine rächen sich in der Nacht!« sagte er mit leiser Stimme.

»Und wenn ich sie nicht nehme?«

»Dann eben deshalb!«

»Und woher sollen sie wissen, daß ich sie nicht genommen habe?«

»Ich werd's ihnen sagen.«

Am Anfang genoß Theobald das Vertrauen der Erwachsenen, vielleicht weil er kräftig war und sie sich nicht mit ihm anlegen wollten. Heute weiß ich, daß unsere Vorbilder, die Lehrer, bestechlicher sind, als wir es in der Kindheit ahnten. Die Erwachsenen spielen nur Erwachsene und gute Vorbilder. Das gibt uns eine trügerische Sicherheit.

Und so ernannten die Erzieher Theobald Rosselo zu unserem Zimmerführer. Er stand an der Tür oder mit dem Rükken zum Fenster, die Arme verschränkt, und rief: »Ich zähle bis zehn, und ihr seid alle im Bett, die Augen zu!« Wir gingen gern darauf ein: »Eins … zwei … drei … vier … fünf …« Die Schuhe flogen durch die Luft, die Hosen hinterher.

Es machte ihm Vergnügen, sich an das Bett heranzuschleichen, das Leintuch jäh zurückzureißen und nachzuschauen, ob unsere Augen wirklich geschlossen waren. Einmal küßte er mich dabei auf die Lippen und flüsterte: »Nenn mich Brigitte!« – nach Brigitte Bardot, die unser Idol war. In unseren Phantasien haben wir ihren Mund geküßt und ihre Brüste, geküßt und an ihnen gebissen. »Nenn mich Brigitte«, hörte ich ihn kurz darauf bei meinem Bettnachbarn.

Es sollte nicht bei dem einen Mal bleiben. Wenn sich einer von uns wehrte, packte ihn Rosselo und zog ihn zum Fenster. Er hob ihn aufs Fensterbrett und ließ ihn mit dem Kopf nach unten über dem Abgrund zappeln.

Die Angst lähmte uns, und sie machte uns neugierig. Wir lebten unter seiner Knute, an die wir uns schnell gewöhnt hatten. Er konnte sehr zärtlich sein. Wir saßen Theobald auf dem Schoß, im Sommer auf dem von der Sonne erhitzten Mäuerchen im Hof, im Winter auf den heißen Röhren in der Wäscherei, umklammert von seinen kräftigen Armen. »Nenn mich Brigitte!« flüsterte er uns zu. »Nenn mich Brigitte!«

Wir redeten nicht über Theobald, nicht untereinander und erst recht nicht mit den Erwachsenen. Es war geheimnisvoll und beunruhigend. Wir wußten, daß wir ein Tabu verletzten inmitten der Herrlichkeit des eifersuchtsgelben Ginsters. Und doch kam die Sache ans Tageslicht, mehr oder weniger durch einen Zufall. Die Schulaufgaben wurden in allen Fächern zentral durchgeführt – die Fragen kamen von der Nationalen Schulbehörde aus Amiens. Unsere Arbeiten wurden nach Vanves geschickt und von den dortigen Lehrern korrigiert. An alle Schulen wurden Musterlösungen geschickt, die streng unter Verschluß gehalten wurden. Jeder von uns wußte, daß, während er sich an einem komplizierten Algebraproblem den Kopf zerbrach, irgendwo an einem geheimen Ort, in einer verschlossenen Schublade die Lösung schlummerte – wie ein vergrabener Schatz auf einer Insel.

Und Theobald – ein Hacker *avant la lettre* – gelang es, an die Lösungen heranzukommen. Ich weiß nicht, wie er es geschafft hat. Durch hartnäckiges Suchen? Durch Bestechung? Erhielt er eine Information von einem Lehrer? Jedenfalls verkaufte er sie seinen Favoriten ziemlich teuer. Und so erreichten die meisten Internatsbuben – Mädchen waren nicht darunter – die besten Noten, die man sich vorstellen kann.

Damit es nicht allzu offensichtlich war, schärfte er uns ein, kleine Fehler einzubauen. Nicht alle hielten sich daran. Der Notendurchschnitt unserer Schule schoß in die Höhe wie Aktien bei einer Hausse. Das ging eine Weile gut, bis man in Amiens Verdacht schöpfte. Sechs Monate in Folge eine solche Schwemme von Bestnoten – als hätte sich unser Internat über Nacht in eine Versammlung von Wunderkindern verwandelt.

Ein Beamter der Nationalen Schulbehörde baute einen kleinen Fehler in die Algebra-Lösungen ein, eine fast unsichtbare Falle. Theobald Rosselo schrieb den gut versteckten Fehler ab, und so flog das Ganze auf. Im Refektorium mußten wir, Angeklagte und Zeugen zugleich, vor den Lehrern Rede und Antwort stehen. Und wie es der Dramaturgie des Verhörs entspricht, kam hinter dem kleinen Skandal der eigentliche Skandal zum Vorschein – so sahen es zumindest unsere Erzieher: die Sache »Brigitte Bardot«, Deckname für all jene Zärtlichkeiten, die sich Theobald von uns erzwang – mit unserer Billigung.

Das Verhör wurde gruppenweise durchgeführt.

»Und du!« Die Direktorin blickte mir streng in die Augen.

»Ja …«

»Wo war … das?«

»Auf dem Mäuerchen …«

»Was genau ist passiert? Erzähl!«

Das konnte ich nicht. Rosselo saß getrennt von den anderen Jungen am Ende des Tisches, die Hände verschränkt wie zum Gebet. Er hielt den Kopf gesenkt und schaute gleichgültig auf die Tischplatte.

Keiner konnte Einzelheiten dieser Ereignisse erzählen, für jeden von uns war es etwas, das nur ihm allein gehörte und niemals den Erwachsenen. Sie bohrten und bohrten in den Wunden der Sexualität, doch wir blieben undurchdringlich. Die erschlichenen Ergebnisse konnten wir auf uns nehmen oder gegen ihn richten, es war geradezu erleichternd. Ich war mir sicher, daß nichts Schlechtes oder Unnormales in diesen Nachmittagen und Nächten lag, in denen Theobald uns im Arm hielt und küßte.

Unser Schweigen half Theobald nicht. Das Urteil war gesprochen: Der Angeklagte wurde hinausgeworfen. Seine Mutter, eine wohlhabende Schönheit aus Madrid, holte ihn mit einem Cadillac ab. Wie ein Raumschiff stand der Wagen auf dem Hof unter dem Walnußbaum. Wir hatten uns alle um ihn versammelt, geblendet von der glitzernden Eleganz des Cadillacs. Wie ein Staatsmann rollte Theobald Rosselo in der Luxuslimousine aus dem Hof und den Weg hinunter … Die Bauern, die den Wagen über die Landstraße fahren sahen, mögen sich gefragt haben, wer wohl darin sein mochte? Ein Staatsoberhaupt? Ein Rockstar? Oder war es Brigitte Bardot, die dem Internat einen Besuch abgestattet hatte …

14

Im regelmäßigen Abstand von drei Monaten stießen die »Neuen« zu uns. So jedenfalls wurden sie von den Erwachsenen genannt. Sie sollten Mitglieder der Gemeinschaft werden, und weil wir uns langweilten, weil die Tage in ihrer Eintönigkeit uns zugleich abstumpften und aufreizten, fieberten wir dem Tag entgegen, an dem ein Neuer das Internat betrat.

Ein Neuer – das konnte, wenn es ein Junge war, ein neuer Freund oder ein neuer Feind sein. Es konnte auch ein neuer

Sündenbock sein, der einen früheren aus dieser Rolle erlöste. Wer würde sich als gejagter Stier hergeben, keuchend und Spucke am Kinn, wenn er gegen den von uns ihm entgegengehaltenen Anorak rannte? Gegen die Langeweile setzten wir die Furcht, und wir bemühten uns, diese Furcht immer fürchterlicher zu machen.

Oder würde ein Mädchen erscheinen, unter dessen Pullover im Winter, unter dessen Leibchen im Frühling schon kleine Brüste zu entdecken waren? Wir wußten, daß jedes neue Mädchen von unserer Direktorin unter besondere Beobachtung gestellt werden würde.

Das waren außerordentliche Ereignisse, und sie kündigten sich am Tag zuvor an durch eine kleine Unruhe. Einer mußte aus jenem Zimmer in das andere ziehen, ein neues Eisenbett wurde aufgeklappt, während man die anderen näher zusammenschob. Die Lehrer bereiteten uns nie auf einen Neuen vor, aber oft lauschten wir, wie sie untereinander konferierten und stöhnten: »Es soll ein schwieriges Kind sein …«

Wie oft hörten wir aus dem Mund der Erwachsenen diesen Ausdruck: Regina, ein schwieriges Kind, ist beim Waschen ihres Nachthemdes unkonzentriert. Charles, ein besonders schwieriges Kind, lächelt mehr als früher. Und was für ein schwieriges Kind ist Philippe! Er ist vom Baum gestürzt und hat sich einen Arm gebrochen.

Auch ich war ein schwieriges Kind, aber da es sich so »viel Mühe gibt«, sagten die Erzieher, »wird dieses schwierige Kind von selbst aus der Krise herausfinden«.

Joël Cocher erschien eines Sonntags am Ende der Musikstunde. Wir saßen alle andächtig im Refektorium. Die Musik war verklungen, und es herrschte Todesstille. Am Ende eines Konzerts mußten wir noch ein paar Minuten schweigend dasitzen und unsere Ergriffenheit demonstrieren – da hörten wir das Geräusch des heranfahrenden Wagens unten im Hof. Wir rannten hinaus, schüttelten den erzwungenen Ernst der Musikstunde ab wie Hunde das Wasser, wenn sie aus dem Teich kommen. Draußen hielt eine schwarze Citroën DS 19, vom Staub des steilen Feldwegs bedeckt, der zu uns hinaufführte. Eine Frau stieg aus und mit ihr ein kräftiger, großer Knabe. Er war fünfzehn, wirkte aber wie ein Neunzehnjähriger.

Das Haar auf seinem Kopf war ein einziges Gestrüpp. Unter der Nase wartete schon ein Schnurrbart auf seinen Auftritt. Er machte einen verwahrlosten Eindruck mit seiner abgewetzten Jacke und den dreckigen Turnschuhen.

Die Frau hielt eine hellbraune Mappe unter einem Arm. Wie ich später erfuhr, war sie nicht die Mutter von Joël, sondern eine Sozialhelferin. Der Junge sei kein Waisenkind, aber er sei von seinen Eltern verlassen worden, hieß es. Wie und wo verlassen, fragte ich mich. Am Straßenrand ausgesetzt wie eine Katze? Im Mülleimer deponiert, wie ich es mal in der Zeitung gelesen hatte – oder auf der Weide neben einem Kuhfladen?

Die Direktorin begrüßte den Ankömmling sachlich und kühl. Das war ihre bewährte Methode, mit schwierigen Kindern fertig zu werden: Erst nachdem sie sich durch gutes Verhalten erkenntlich gezeigt hatten, wurde ihnen ein wenig Wärme geschenkt. Und wenn sie aus einem benachteiligten Umfeld stammten, sollten sie erst recht nicht besonders gehätschelt werden. Man mußte ihnen Normalität beibringen!

Die Beamtin mit der Mappe verschwand mit der Direktorin in deren Zimmer, währenddessen untersuchten wir den Neuen.

»Wie heißt du?« fragte einer.

»Und wie heißt deine Großmutter?« antwortete Joël und knabberte an seinen langen, dreckigen Fingernägeln.

»In welche Klasse gehst du?« fragte ein anderer.

»Interessiert es dich? Da! Das ist meine Klasse.« Er verpaßte dem Neugierigen eine ins Gesicht. »Nächstes Mal breche ich dir den kleinen Finger ... Herr Polizeiinspektor.«

Wir zogen uns zurück, voller Respekt und ein wenig verängstigt.

Die Beamtin kam aus dem Büro. Als sie zum Wagen wollte, lief Joël ihr hinterher.

»Was willst du?« fragte sie.

»Meine Zigaretten.«

»Du bist hier in der Schule. Jetzt sage ich dir auf Wiedersehen.«

»Meine Zigaretten, habe ich gesagt. Das ist doch nicht schwer zu verstehen, oder?«

Sie wollte ihm auf die Schulter klopfen, um Abschied zu nehmen. Sie tat es ganz vorsichtig wie ein Dompteur, der vor einem Panther steht. Ich beobachtete sie von meinem Versteck aus, hinter dem Walnußbaum.

»Sie gehen?« Seine Stimme war leiser geworden.

»Schau dort ...«, sie zeigte auf mich hinter dem Walnußbaum. »Er wird dir sicher alles zeigen von der Schule!«

Ich wagte mich aus meinem Versteck hervor und ging auf ihn zu. In der Tasche hatte ich einen Kugelschreiber. Den streckte ich ihm vorsichtig entgegen.

»Was ist das?«

»Ich will's dir geben«, sagte ich, »nimm!«

Er nahm den Kugelschreiber, und ohne ihn anzusehen, steckte er ihn in die Hosentasche. Auch mich sah er nur ganz flüchtig an. Die Beamtin war in den Wagen gestiegen und hatte den Motor angelassen. Der Citroën verschwand den steilen Weg hinunter, der zur Landstraße führte. Joël Cocher sah dem Wagen nach und verwischte mit dem Fuß die Spuren im Sand.

Ich wußte, daß uns die Direktorin von ihrem Zimmer aus beobachtete.

Jetzt sah er mir ins Gesicht. Ich streckte ihm die Hand entgegen, um ihn zu begrüßen. »Ich heiße Luc.«

»Ich gebe keine Hand«, entgegnete er. Immerhin erfuhr ich jetzt seinen Namen, den er widerwillig vor sich hinmurmelte. Die Tramontana erhob sich und blies ihm die struppigen Locken übers Gesicht.

Die Erwachsenen fanden den Neuen zu alt, um unter uns zu wohnen. Joël zog in die Bibliothek, und der Igelkopf durfte wieder in unser Schlafzimmer zurück.

Sie fanden ihn nicht nur zu alt, sie fürchteten sich vor ihm. Es war nicht die gleiche Furcht wie vor Rosselo. Rosselo war klug und hatte einen gewissen Charme, aber in Joël sahen sie einen Unberechenbaren, dessen Vergangenheit so ärmlich war, daß ihn wenig schrecken konnte.

Am Tag darauf gingen wir zusammen im Wald spazieren. Es war Herbst, auf dem Boden lagen aufgeplatzte Kastanien, die meisten zermalmt von den Wildschweinen. Wir sprachen nicht viel. Wenn er einen Ast auf dem Weg sah, sprang Joël darauf, um ihn zu zerbrechen. Der Wasserfall, dessen Rauschen im Sommer, wenn wir vor unseren Schulaufgaben saßen, in uns den Durst weckte, schlug dumpf gegen das Felsbecken. In ein paar Wochen, im Winter, würde von ihm nur Getröpfel übrigbleiben.

»Ich weiß nicht, warum ich hier bin«, unterbrach er plötzlich die Stille. »In welchem Loch bin ich da nur gelandet?« Diese Klage konnte ich gut verstehen. Das hatte ich mich auch gefragt, als ich damals, im Sommer 1959, auf diesem Felsen stand, unter mir der Ginster und der struppige Wald.

»Wo warst du vorher?« traute ich mich zu fragen.

»Mal da, mal dort … egal. Hauptsache, die Matratzen sind nicht zu hart. Wo gibt es hier Wein?«

Nicht nur die Zigaretten, auch den Wein schien er zu vermissen. Beim Abendessen schlürfte er seine Suppe so laut, daß es für uns zur Unterhaltung wurde. Wir lachten und blickten ihn bewundernd an. Er sah es als Zeichen der Ermunterung und schlürfte um so lauter. Rundherum wurde alles still, und die Erwachsenen waren regunglos wie aus Stein. Keiner traute sich, eine Bemerkung zu machen.

Plötzlich sagte er: »Bitte ein Glas Wein.« Er war aufgestanden mit seinem leeren Glas in der Hand und stellte sich direkt neben Pir: »Bitte ein Glas Wein!«

Pir flehte die Kollegen stumm um Hilfe an. »Ich habe gesagt: Bitte ein Glas Wein!«

Einige der Erwachsenen schüttelten stumm den Kopf, ohne daß jemand das Wort erhob. Joël ergriff den Weinkrug, füllte das Glas und trank es in einem Zug leer.

Als ich vor kurzem an einem Sonntagmittag mit ein paar Freunden in Hamburg-St.Pauli im Restaurant saß, fiel mir diese Szene mit Joël wieder ein. Eine unscheinbare ältere Frau mit schütterem weißen Haar betrat das überfüllte Restaurant, durchquerte entschlossenen Schrittes den Saal, bis sie vor einem runden Tisch stand, auf dem eine silberne Platte lag, und darauf angerichtet eine große Scholle. Die Frau griff in aller Ruhe den Fisch beim Schwanz und ging mit ihrer Beute in der Hand an den staunenden Gästen vorbei zur Tür hinaus. In die lähmende Stille hinein, die diesem Coup folgte, begann eine Gruppe von Gästen laut zu applaudieren.

Von nun an ließ Laurent den Knaben nicht mehr aus den Augen. Joël hatte die Autorität der Erwachsenen vor den Augen der Schüler untergraben, und das sollte er büßen. Vielleicht gab es auch noch einen anderen Grund für Laurents Unerbittlichkeit.

Joël war keineswegs gutaussehend, aber er war eine kräftige, fast schon gewalttätige Erscheinung. Die älteren Mädchen im Internat verloren den Kopf bei seinem Anblick. Sie konnten dem Unterricht nicht mehr folgen, alles, was zählte, war, einen Blick von ihm zu erhaschen. Ihm schien das völlig gleichgültig zu sein. In ihm gab es soviel Wut, nichts konnte ihn davon ablenken. Obwohl Laurent sich ebenso schrullig und abweisend gab, lebte seine Männlichkeit auf dank der Internatsmädchen, während er seine Frau Jacqueline immer roh und lieblos behandelte (vielleicht war es anders, wenn sie allein waren). Joël Cocher war dem Mann der Gemeinschaft, er war Laurent ein Dorn im Auge, ein potentieller Konkurrent.

Es gibt einen seltsamen Grund dafür, daß ich von Joël berichte: Der einzige in der Gemeinschaft, den der fast schon erwachsene Zögling akzeptierte, war ich. Dabei hätte ich mich niemals mit ihm messen können: Ich war kleinwüchsig, besorgniserregend kleinwüchsig sogar, und dazu immer auf Friede und Freundschaft aus.

Körperliche Auseinandersetzungen konnte ich nicht ertragen. Immer wenn ich mich vor jemandem fürchtete, dachte ich mir für diese Person ein Geschenk aus, um einem drohenden Konflikt aus dem Weg zu gehen. Vorsorglich hatte ich die Taschen schon voller Krimskrams, um meine Angst zu beruhigen. Das war meine Waffe gegen den Feind.

Joël Cocher, dem ich am Tag seiner Ankunft meinen Kugelschreiber geschenkt hatte, war der einzige, der mich aufforderte, kein Geschenke mehr zu machen, mehr noch: Als er mich einmal dabei ertappte, wie ich jemanden beschenkte, lief er zu ihm hin, konfiszierte das überreichte Geschenk und gab es mir wieder zurück. Und dabei sagte er plötzlich: »Nicht nötig, Papa!«

Ich hielt es für einen Scherz, doch nein: Am Abend, bevor er sich ins Felsenzimmer zurückzog, sagte er: »Gute Nacht, Papa!« Und am Morgen darauf: »Hast du genug gefrühstückt, Papa?« Zuerst sagte er es ganz leise, so daß es niemand hörte, aber eines Tages, als wir auf dem Hof Fußball spielten, rief er laut: »Da ... der Ball, Papa!«

Eines Tages entschied sich »mein Sohn«, daß es mit der Schule keinen Sinn hatte. Mitten im Unterricht klappte er sein Heft zu, so laut, daß es jeder hörte, stand auf und verließ das Zimmer. Bevor die Lehrerin wußte, wie ihr geschah, lief Joël bereits über den Hof.

Laurent, der gerade die Physikarbeiten korrigierte, schoß von seinem Stuhl hoch und nahm die Verfolgung auf. Keuchend rannten sie die Anhöhe hinauf. Die Neugier drängte uns zuerst ans Fenster, dann ließen wir uns nicht aufhalten und liefen den beiden hinterher in den Wald.

Oben auf der Anhöhe stand eine kleine Kirchenruine aus dem 18. Jahrhundert. Sie bestand aus vier Mauern ohne Dach, halb überwachsen von Ginster. Joël Cocher sprang über die Mauer, und sie wurde ihm zum Verhängnis. Laurent stand plötzlich vor ihm, packte ihn am Rollkragen seines braunen Pullovers und klammerte sich fest. Dann zog er Joël zu Boden und trat ihm mit den Bergschuhen ins Gesicht. Er trat und trat, und der Junge wimmerte nur noch.

Ich stand auf der niedrigen Kirchenmauer, zitternd vor Angst. Joël sah mich durch die Tränen hindurch und rief: »Papa! Papa! Hilf mir!« Der Ginster leuchtete in der Sonne wie damals, als ich ihn am Tag meiner Ankunft das erste Mal sah. Ich rührte mich nicht von der Stelle.

15

Heute noch lebe ich in den Ginstern. Einmal Internatszögling, immer Internatszögling. Oft, nach einer abgeschlossenen Regiearbeit, frage ich mich, was ich jetzt machen soll, und etwas antwortet in mir: »Zurück ins Internat!«

Ich habe dort noch alle Prüfungen bestanden, aber ich verließ das Internat vor dem Abitur. In meiner Erinnerung sieht das Abitur aus wie eine mit unentzifferbaren astrophysikalischen Zeichen und Gleichungen beschriebene Tafel, vor der schmunzelnd, die Kreide in der Hand, Albert Einstein steht.

Danach besuchte ich das Internat noch zwei-, dreimal. Ich wollte mich vergewissern, daß alles geblieben ist, wie es war, und vor allem wollte ich demonstrieren, wie sehr ich mich verändert hatte. Ich ließ mir von Laurent eine Zigarette drehen, ich trank Wein mit den Erwachsenen an ihrem Tisch und schaute nun von ihrer Warte aus den Internatsschülern zu.

Jetzt durfte ich ungefragt ins dunkle Büro von Yvette, durfte auf ihrem schwarzen Ledersofa sitzen und wie sie, hinter der Gardine versteckt, die Zurückgelassenen beobachten. Der alte Staub lag noch auf den Regalen und auf dem Schreibtisch.

Mit Yolande habe ich mich ganz offen über die Droge Marcel Proust ausgetauscht. Sie konnte viele seiner endlosen Sätze auswendig, und es kam mir so vor, als würde die Haushälterin Françoise aus der *Recherche* über sich erzählen.

Bei meinem letzten Besuch war die Direktorin bettlägerig. Ihre Haare lagen durcheinander auf einem Kissen, ihr Gesicht war grau und aufgeschwommen. Sie sprach entmutigt über das Erziehungswesen: »Ach, die Pädagogik ...«, und meinte wohl, daß diese bei ihrem Tod mit ihr verschwinden würde ... Sie seufzte, wie ich heute seufze: »Ach, das Theater ...«

Mich schaute sie bewundernd an wie ein gelungenes Beispiel ihrer strengen Methode. Und ich nickte immer noch, musterschülerhaft. Ihre Finger wirkten durch die Arthritis wie die Zangen von einem Hummer.

Sie starb kurz darauf, und es wurde mir erzählt, daß der Sarg einen ganzen Tag auf dem Hof aufgebahrt stand. Die Schüler zogen an ihrem Leichnam vorbei wie beim Begräbnis eines Staatsmannes. Der Sarg soll aus weißem Holz gewesen sein.

Dann besuchte mich die Sekundantin Yolande in Paris. Ich hielt sie am Arm wie ein Kind, wenn sie über die Straße ging, denn sie konnte nicht mehr gut sehen. Ich war stolz, sie führen zu können.

Die Jahre hatten sie noch kleiner gemacht, die Stimme aber blieb hoch. Wenn sie in der Metro auflachte, schauten alle auf. Ihr rötliches frisches Triangelgesicht war jetzt von hellem Flaum bedeckt, der in der Sonne glänzte.

Sie verbrachte ihre letzten Jahre bei ihrer Schwester in den

Cevennen. Allein, ohne die Direktorin, wurde sie hilfloser und auch wärmer. Mit ein wenig Beharrlichkeit hätte ich noch manche Geschichte über unsere Direktorin von ihr erfahren können, sie konnte nun alles kritischer sehen. Wie wohl das tut: die Entmystifizierung der Menschen, die uns Vorbild waren. Wir wollen ihre Schwächen kennen, wir bilden uns ein, es mache uns reifer.

Vor kurzem bin ich nach Nord-Spanien gereist und wollte einen Umweg machen, um das Internat zu besuchen. In Perpignan zögerte ich plötzlich, also rief ich an.

Die männliche Stimme am Telefon klang distanziert: »Ja?«

»Wer sind Sie?«

Die Stimme antwortete: »Wer schon!«

Es war der Sohn von Laurent und Jacqueline. Ich wußte nicht, wie ich das Gespräch weiterführen sollte, hörte mich aber fragen:

»Leben deine Eltern noch?«

»Beide. Im Zentralmassiv, bei Jacquelines Vater. Der ist jetzt hundertdrei.«

Ich staunte nicht wirklich, aber ich freute mich, meine Verlegenheit verbergen zu können.

In die Stille hinein sagte ich: »Und?«

»Nichts Besonderes. Im Sommer kommen schwierige Kinder zu uns, welche, die im Gefängnis waren. Im Winter sind wir hier fast ganz allein, meine Frau und ich und meine Kinder. Warum hast du nie Geld geschickt?«

Ich ging nicht darauf ein: »Und das Schwimmbad ...?«

Ich wußte, daß im letzten Jahr unserer Direktorin ein Schwimmbad gebaut worden war, das jedoch nie mit Wasser gefüllt wurde.

»Das Schwimmbad ist immer noch trocken … aber wir haben jetzt eine E-Mail-Adresse …«

»Phantastisch!« habe ich gesagt und aufgelegt. Jetzt hatte es die Außenwelt nach drinnen geschafft.

Seit diesem Telefonat habe ich mich nicht mehr gemeldet.

III

MORALISCHE GESCHICHTEN

Sehr oft bin ich einverstanden,
damit es weitergeht.

FREUNDESSILHOUETTEN

Freundschaften pflegen, Freunde verlieren, Freundschaften brechen, wiedergewonnene Freundschaften, die seltenen neuen Freundschaften, flüchtige Freundschaften, mißratene Freundschaften, die manchmal mit den flüchtigen zusammenhängen. Freundschaft, ein Nebenzweig der Liebe. Im Alter wird dieser Nebenzweig beinahe ein Hauptzweig – beinahe, aber nicht ganz.

Es gibt in meinem Leben lange, geduldig gewobene Freundschaften, und plötzlich reißen sie ab, zwei Fäden in der Luft, die auf ihre Stunde warten, wieder anzuknüpfen. Das sind die Freundschaften, die durch das Kriegsgebiet unserer Seelen gehen. Man weiß nicht, ob man sie überleben wird …

Die Freundschaft brechen, ein Freundschaftserdbeben provozieren, das kann eine unverhoffte Versuchung sein: Freundschaft als eine Gegend, die man erobert, deren man irgendwann überdrüssig wird, die man aufgibt und hinter sich läßt. Als Kind lernte ich in den Sommerferien ein kleines Mädchen kennen; wenn ich zornig wurde mit meiner Spielgefährtin, rannte ich einfach ins Meer hinaus. »Wohin gehst du?« rief das Mädchen, und ich, fast schon untergetaucht in den Wellen, entgegnete: »Ich schwimme ins Unendliche.« Ich genoß, daß sie Angst bekam um mich, ich sehnte mich nach Endgültigkeit.

Unser Charakter ist wie eine Geschwulst, die im Körper herumwandert. Wenn sie entzündet ist, will man das Brennen noch mehr spüren. So beginnt man Krieg gegen seine Freunde. Leibniz spricht von den Falten, die unsere inneren Regungen bestimmen, den Seelenfalten. Wie oft stelle ich mir die Szene vor: Ich sitze mit einem mir zugeneigten Menschen beim Essen, und plötzlich schütte ich ihm das Glas Wein ins Gesicht. Was würde passieren? Koestler schreibt in seiner Autobiographie: »Nur wer sich selber liebt, kann andere lieben, nur wer sich haßt, kann andere hassen.«

Ich blicke ungern in den Spiegel, ich rasiere mich mit abgewandtem Gesicht. Ich weiß, es ist etwas in meinen Zügen, das gibt meine Sehnsucht, geliebt zu werden, preis. Ich ahne, daß dieses Gesicht jedem, der es betrachtet, meine inneren Regungen preisgibt: Schadenfreude, Eifersucht, Geilheit, Enttäuschungen, Neid und Eitelkeit …

Auf der anderen Seite hatte ich es immer eilig mit dem Freundschaftenschließen, jeden zweiten Tag brachte ich aus der Schule einen neuen Kameraden mit: »Das ist Marc, mein bester Freund!« stellte ich ihn vor, und meine Mutter fragte mich: »Wie lange kennst du ihn?« Ich antwortete, während ich meine Hand auf Marcs Schulter legte: »Seit heute früh! Er wohnt auf dem Schiff auf der Seine, ich bleibe das Wochenende dort.« Am Montag darauf fragte mich meine Mutter: »Wie war's auf der Seine mit Marc?« Ich antwortete betreten: »Es war noch ein anderer da, sein bester Freund …« Die Wahrheit war: Als wir zu dritt waren und ich gesehen hatte, daß mein bester Freund sich einem anderen zuwandte, habe ich mich in eine Ecke verkrochen, um meine Tränen im Hals zu ersticken.

Mit meinem ersten »besten Freund«, Freddy, habe ich Radioapparate auseinandergenommen, meinen Nachbarn zehn Kilo Hühnerbeine ins Haus liefern lassen und in der Morgendämmerung Seife auf die Straßenbahnschienen geschmiert und dann zugesehen, wie die Bahn am Hang nicht von der Stelle kam. Eines Nachmittags, während eines ausgelassenen Spiels, stieß ich Freddy einen Gartenrechen in den Kopf. Aus fünf kleinen Löchern floß dunkles Blut. Seine Mutter verbot ihm den Kontakt mit mir – adieu, Freddy! Wegen dieses Bruchs verbrachte ich eine Woche krank im Bett. Später tat Freddy so, als würde er mich nicht mehr kennen. In seinem Zimmer zerlegte er Radioapparate mit einem neuen Freund.

Vor einigen Monaten, also fünfzig Jahre später, schrieb er mir einen Brief: »Alter Knabe«, nannte er mich und erzählte mir von seinem gleichförmigen Leben als Bankangestellter am Paradeplatz in Zürich. Ich habe daran gedacht, eine Korrespondenz mit ihm zu beginnen, aus der eine Erzählung werden sollte: die Geschichte zweier Männer, von denen der eine nichts, der andere zuviel erlebt. Aus dem Nichts müßte man schreiben können! Aus dem Nichts entstehen Romane und tiefere Gedanken, das Zuviel geht *umweglos* auf den Tod zu. Wahrscheinlich wären meine Briefe an Freddy eine Art Selbstzerfleischung geworden. Ich habe es gelassen.

Im Internat durften wir keine speziellen Freunde haben, damit keine Cliquen entstehen konnten, die sich gegen die Erzieher erhoben. Wenn wir in den Sommerferien zelten gingen, mußten wir die Schlafsacknachbarn jede Nacht wechseln. Ich erinnere mich jedenfalls nicht an eine enge, ausschließliche Freundschaft. Dagegen erlebte ich Zweckfreundschaften, wie sie es in der Gesellschaft der Erwachsenen auch gibt:

Philippe war ein Mathematik-As: Ich suchte in seiner Freundschaft Hilfe gegen meine Unzulänglichkeit. Oleg hatte nie Hunger, ich versuchte – solange es nicht auffiel – mich am Tisch neben ihn zu setzen, um einen Nachschlag zu bekommen. Ein Freundschaftsdienst zum Nutzen beider, denn am Ende der Mahlzeit mußten die Teller blank sein.

Anders Germain. Der düster dreinblickende Germain saß mit uns auf den heißen Rohren des Waschraums. Im Winter war dies unser Lieblingsplatz während der Schulpause. Später kamen wir auch im Sommer hierher, aus Gewohnheit: Hier konnte man tuscheln, phantastische Pläne schmieden gegen die Erwachsenen, Gegenstände tauschen oder einfach nur die Schlager nachpfeifen, die wir in der Stadt gehört hatten: Im Internat war uns diese Musik strikt untersagt.

Wir sangen *I am just a lonely boy* von Paul Anka. Einer begann mit »I am just a lonely boy«, und die anderen summten im Chor »Uhu Uhu«. Wir kannten alle Paul-Anka-Schlager, die Schnulzen von Françoise Hardy, *Tous les garçons et les filles de mon âge* ... und von France Gall, *Je suis une poupée de cire, une poupée de son*. All diese Melodien weckten in uns die Sehnsucht, eines Tages wieder in die Stadt zu kommen, ein Mädchen an der Taille zu halten mit einer Zigarette im Mund, die man nicht herausnimmt, bevor sie verglimmt.

Germain sang nicht mit uns und sprach wenig. Ich sehe sein dunkles schmales Gesicht mit der akkurat gescheitelten schwarzen Frisur. Er zweifelte an allem. Er wollte an unserem Klatsch nicht teilnehmen und nannte uns Schwätzer. Besonders hart fiel sein Urteil über mich aus.

Einmal sagte ich das Wort »paradox«, und das nahm er mir übel: »Wieso sprichst du ein Wort aus, dessen Bedeutung du gar nicht kennst?«

Ich entgegnete: »Eben darum … weil ich die Bedeutung nicht kenne und mich das Wort anzieht.«

»Was heißt das, es zieht dich an? Warum soll dich ein Wort anziehen? Ich verstehe das nicht, und erst recht nicht das Wort ›paradox‹!«

»Paradox, paradoxal, das sagt man so.«

»Für was?« antwortete Germain ungeduldig und fuchtelte mit seinen riesigen Händen. »Gib mir ein Beispiel …!«

»Der Winter vergeht *paradox.*«

Germain führte eine Hand an die Stirn und zeigte mir den Vogel. Und so wurde er einer meiner ersten Feinde.

Jedesmal wenn wir uns begegneten, flüsterte er mir voller Hohn zu: »Monsieur Paradox!« Und wenn ich mitten in einem Satz war, unterbrach er mich mit den Worten »paradoxalerweise natürlich …«

Ich fürchtete ihn, während mir neue unsprechbare und unverständliche Wörter zuflogen. Vielleicht war es die Angst, die mich schöpferisch machte: inhärent, Empathie, Koinzidenz, luzide …

Am Ende konnte ich mich nur noch umständlich ausdrücken, auch wenn ich die einfachsten Gedanken sagen wollte: Der Blick Germains war es, der mir die Wörter verdrehte: Phantempie, inziplit, Insertequenz, Kompaklition …

Die Feinde unserer Kindheit finden wir im späteren Leben wieder. Irgendwann in der Jugend tauchen die »großen Hände« auf, und dann bleiben sie für immer. Sie strecken ihre dicken Finger aus und zeigen einem den Vogel.

Als die Zeit meiner Jugend vorbei war, unterhielt ich keine Beziehungen mehr mit meinen ehemaligen Kommilitonen. Die Kindheit sollte die Kindheit bleiben, und das meiste, was uns an sie erinnerte, warf uns in diese Kindheit zurück.

Ich schließe meine Augen, um zu sehen, welche Freundessilhouette als nächstes aus der Dunkelheit aufschwebt: Charles, ein schmaler und langgewachsener Politologiestudent. Ich lernte ihn durch meine ältere Schwester kennen. Er begleitete sie von der Universität nach Hause, und sie unterhielten sich stundenlang über Hegel, Husserl, Kant, Heidegger …

Kerzengerade saßen sie sich gegenüber, rauchten, und ihre Gespräche kreisten um das Sein und das Nicht-Sein, die Leere, die Unendlichkeit und die Monaden von Leibniz. Oft saß ich hellhörig daneben, gebannt und fasziniert von den ruhigen, eleganten Bewegungen des Studenten. Er schwang seine langen Hände in die Luft oder legte den Zeigefinger auf den Daumen: »Sartre ist überschätzt, alles kommt von Heideggers ›Sein und Zeit‹.« Dann folgten die »An-Sichs« und »Für-Sichs« …

Die Aufmerksamkeit dieses belesenen Menschen zu gewinnen war nun mein Traum. Dabei half mir, daß, ich weiß nicht aus welchem Grund, die Freundschaft zwischen meiner älteren Schwester und Charles nachließ. Vielleicht beeindruckte er sie intellektuell, und dann eben plötzlich nicht mehr. Wenn sie jetzt gemeinsam von der Uni nach Hause kamen, klopfte er an mein Zimmer. Nun saß er den ganzen Nachmittag mit mir zusammen, und die Gespräche über Philosophie wandelten sich langsam zu Gesprächen über das Leben. Vom Leben kamen wir zur Liebe, von der Liebe zu den Frauen und von den Frauen zu den Prostituierten.

»Weißt du, was das ist, eine putain?«

Ich stellte mich dumm, obwohl mich meine Mutter über die Existenz solcher Frauen aufgeklärt hatte. Ja, einmal war sie sogar mit mir zu den Hallen gefahren, hatte auf die an der

Straßenecke stehenden Frauen gezeigt und gesagt: »Siehst du die? Und die? Die machen alle diesen ... Beruf!«

»Komm«, sagte Charles eines Tages, »wir fahren ins Opernviertel ... Ich kenne einige ...« Er war damals ein junger Mann, ich ein älteres Kind.

Wir fuhren mit seinem Citroën. Hinter dem Théâtre Mogador fuhr er langsamer und bog in eine kleine Straße ein. Er hielt vor einer großen Afrikanerin, kurbelte die Fensterscheibe herunter, handelte mit ihr den Preis aus und sagte zu mir: »Sie ist für uns beide!« Da fing ich an, am ganzen Leib zu zittern. Nicht die Afrikanerin war es, die mich durcheinander und zum Zittern brachte, sondern die Vorstellung, mein allererstes sexuelles Erlebnis mit ihm, dem Ontologen, teilen zu müssen. Ich bewunderte ihn als überlegenen Geist, der mir den Sinn des Universums ergründet hatte, und jetzt sollte ich mich in einem kleinen dunklen Hotelzimmer auf einer zerschlissenen Matratze über einem schäbigen Gitterbett mit ihm und der Afrikanerin wälzen ...? Ich öffnete die Beifahrertür und rannte davon, verschwand in einem U-Bahnschacht.

Wochenlang hielt ich mich vor Charles versteckt. Wenn er anrief, ließ ich mich verleugnen. Er aber wollte nicht als Verlierer dastehen. So organisierte er eine Zusammenkunft mit gemeinsamen Freunden in der Wohnung meiner Eltern. Alle waren gekommen, nur er nicht.

Das Gespräch drehte sich um Charles. Ich sollte sagen, was mich an ihm störte. Ich überlegte kurz. »Die Pickel ... Er wäscht sich nie die Haare. Er findet einen Buchtitel, und er wird sagen: Ich hab's gelesen!« Plötzlich öffnete sich ein Schrankflügel. Charles stieg heraus, streckte mir seinen Zeigefinger entgegen und rief triumphierend: »Jetzt weiß ich es!«

Aber *was* wußte er? Jedenfalls genug, um nun von seiner Seite aus die Freundschaft aufzukündigen. Hatte ich ihn verraten oder er mich?

Viele Jahre später begegnete ich Charles noch einmal in einem Restaurant am Montparnasse. Er war dick geworden und umgeben von dunkel bebrillten Gestalten in feingeschneiderten Anzügen. Ich wollte ihn begrüßen und streckte die Hand aus, um mich zu versöhnen. Aber er drehte sich weg, und einer seiner Begleiter zog mich am Ärmel und fragte: »Wollen Sie etwas Bestimmtes?« Seitdem frage ich mich, ob er vielleicht für den französischen Geheimdienst arbeitet.

GEGENWART DER TOTEN

»Geisterbeschwörung« hätte ich gerne geschrieben. Emmanuel Berls Buch handelt ausschließlich von verlorenen Freunden, verloren in doppelter Hinsicht. Erst hat er sie durch Zerwürfnisse verloren, dann durch den Tod. Er schreibt ihnen Briefe, um diesen Zerwürfnissen nachzugehen, Versöhnungsangebote ins Jenseits.

Der Streit zwischen ihm und Drieu la Rochelle entstand, weil letzterer zu den Nazis überlief. Als er Selbstmord beging, hinterließ Drieu einen Brief, um seine Haltung verständlich zu machen, und auf diesen Brief antwortet Berl. Das Zerwürfnis mit Marcel Proust ist grotesk und beeindruckend zugleich: Für den Ersten Weltkrieg zeigte Proust wenig Begeisterung, er war aus Gesundheitsgründen für untauglich erklärt worden – genau wie Berl. In diesen Jahren knüpften sie in Paris eine enge Freundschaft. Sie sahen sich täglich, und Emmanuel klagte über die lange Abwesenheit seiner Geliebten Sylvia.

Als sie eines Tages ein Lebenszeichen von sich gibt und ihm schreibt, daß sie zurückkommen will, eilt Emmanuel freudig zu Marcel, um ihm die Nachricht zu überbringen. Proust zeigt sich bestürzt, er sagt ihm, daß Sylvia Emmanuel viel Leid zufügen werde, wenn sie, ein wirklicher Mensch, zwischen ihn, Berl, und seiner Liebe zu ihr trete. Zwischen den beiden Freunden entbrennt ein heftiger Streit. Wenn die

Gegenwart Sylvias so unheilvoll für ihn sein sollte, fragt sich Berl, war es dann zu bedauern, daß sie existierte? War es zu bedauern, daß sie nicht tot war? Und er fragt Proust dies. Selbstverständlich sei das so, antwortet Proust seelenruhig: Hätte Berl statt ihrer Antwort die Nachricht von Sylvias Tod erhalten, hätte er zwar sicher qualvollen Kummer empfunden, sich aber die unvermeidliche Erniedrigung seines Gefühls erspart, die Proust für wesentlich qualvoller hält. Der Streit gewinnt an Schärfe, und im Zorn kommt Berl der ewig kränkliche Proust plötzlich seltsam gesund vor: »Frisch rasiert, wirkten seine Wangen, als wären sie aus dem Fleisch einer im Keller gezogenen Gemüsesorte geschnitten. Seine Augen funkelten. Seine Haare waren viel dunkler und dichter als meine, seine Zähne fester, sein schwerer Kiefer schien eine Menge zermalmen zu können, seine wohl durch das Asthma gewölbte Brust hob noch die Breite seiner Schultern. Wenn wir handgemein werden sollten, woran ich eine Sekunde lang glaubte, war ich ganz und gar nicht sicher, nicht den kürzeren zu ziehen.«

Schließlich wirft Proust Berl aus dem Zimmer und schreit ihm hinterher: »Sie sind dumm! Dumm wie …«, und er zählt eine Reihe von Personen auf, die – aus Berls Sicht – zu Recht für ihre Intelligenz berühmt waren. In Berls Brief an den verstorbenen Proust geht es um die verschiedenen Formen der Liebe. Ist Liebe ausnahmslos narzißtisch, oder gibt es auch die wahre, die selbstlose Liebe? Wir wissen, Proust glaubte nicht daran: Die Liebe war ihm eine Projektion eines Menschen auf einen anderen. Im Verlauf ihres Streits war Berl so weit gegangen, Proust ins Gesicht zu sagen, daß die Liebe in Marcels Sicht nur einer Sinnestäuschung unterliegende Onanie sei.

»Geisterbeschwörung«: Berls Idee ist es, Friede mit den Toten zu schließen, um sie wieder ins Leben zu bringen, zumindest in sein Leben. Nein, Berls Buch will ich nicht schreiben. Ich möchte mich mit Lebenden versöhnen, nicht mit, um mit Leibniz zu sprechen, »erloschenen Monaden«! Mit dem Alter spüre ich die Lust und den Schmerz von Zerwürfnissen häufiger und falle diesen kleinen Erdbeben häufiger anheim, und um so stärker wächst mein Wunsch, mich mit den Menschen zu versöhnen, mit denen ich in tieferem Streit lebe. Auch weil diese Brüche meistens durch Zufälle geschehen, durch Mißverständnisse oder weil sich der Seelenhimmel über uns zusammenzieht ... Vielleicht gibt es aber auch freundschaftliche Verbindungen, die immer wieder nach einer gewissen Zeit dazu neigen, unverträglich zu werden.

Zum Beispiel die Verbindung mit meinem Freund Paul, dem Maler. Als wir uns kennenlernten, trug ich eine Wollmütze, wegen meiner Krebsbehandlung hatte ich all meine Haare verloren. Unsere Freundschaft begann, als er mir am ersten Tag unserer Begegnung sagte: »Du wirst gesund werden und uns noch alle überleben!«

Ein paar Jahre später wurde er dann auch krank. Er verlor eine Niere. Wenn ich ihn in seinem Atelier besuche, sagt er zu mir:

»Wie sehe ich aus? Gesund, nicht wahr!«

Ich antworte: »Du hast noch nie so gut ausgesehen, noch nie so viel Farbe im Gesicht.«

Es entsteht eine Pause, ich erwarte, daß er mir das gleiche sagt. Aber nein! Er schaut sich an im Spiegel gegenüber und fügt hinzu: »Du hast recht. Ich sehe blendend aus.«

Er zeigt mir seine neuen Bilder auf den Staffeleien. Bevor

ich einatmen kann, um anschließend bewundernd auszuatmen, sagt Paul:

»Stell dich nicht so blöd, das ist einsame Klasse! Solche Bilder macht momentan keiner. Sag's!«

Ich antworte: »Wirklich. Solche Bilder macht momentan keiner.«

Er schaut zufrieden auf seine bunten kubistischen Gemälde: Zwischen zwei gelben Wänden streckt eine rote Silhouette ihre kleinen roten Arme aus. Sie halten die Wände.

»Beeindruckend, nicht wahr?«

»Beeindruckend«, nicke ich rasch und konfliktbesorgt.

Aber ich habe auch meine Unarten … Einem gemeinsamen Freund, einem Kunsthistoriker, dessen Held Machiavelli ist, hatte ich in einem Brief geschrieben: »Pauls Bilder, so herrlich sie auch sind, beeindrucken mich nicht so, wie sie ihn beeindrucken.« Als Paul den Historiker, einen schmächtigen, hochsensiblen Strategen, einmal besuchte, kamen sie auch auf mich zu sprechen. Ich weiß nicht, ob es ein Zufall war: Der Kunsthistoriker holte den Brief aus der Schublade, hielt ihn in die Höhe und sagte: »Der Bondy schreibt wundersame Dinge über dich.«

Paul schaute sich gerade im Spiegel an, der hinter der offenen Kommode hing, und sagte ungeduldig: »Zeig!«

Der Kunsthistoriker reichte ihm den Brief mit der Bemerkung: »So was tut man eigentlich nicht …«

Drei Monate hörte ich nichts mehr von Paul, bis ich den Grund erfuhr: Der Brief hatte Paul ins Mark getroffen. Schlechten Gewissens schickte ich dem gekränkten Maler eine Kiste mit zwanzig Flaschen Dom Perignon. Der Bote, den ich gesandt hatte, stand zwei Stunden später mitsamt der Kiste und einem Brief von Paul vor meiner Tür, in dem hieß es: »Laß es gut sein. Geschenke heilen keine tiefen Wunden. Leb wohl! P.« Ich hatte also meinen guten Freund Paul verloren.

Ein paar Jahre später mußte Paul wegen einer Blutvergiftung ins Krankenhaus. Ich war in der Zwischenzeit Diabetiker und dadurch noch unberechenbarer geworden. Ich schrieb ihm einen rührenden Brief voller Reue und Besorgnis. Der Brief tat seine Wirkung. Nun spazieren wir wieder wie früher viele Nachmittage durch die Museen. Im Prado sagte er mir neulich:

»Nach Tizian kommt lange nichts … Nicht einmal Velázquez …«

Ich wollte die wiedergewonnene Freundschaft auf keinen Fall aufs Spiel setzen, also stimmte ich halbherzig zu.

Er musterte mich: »Du mußt Unterschiede machen können. Nicht alles ist gleichwertig. Schon gar nicht für einen Maler.«

Zwischen zwei Sälen stand ein riesiger Spiegel, und er betrachtete sich: »Sehe ich nicht absolut gesund aus?«

»Na und wie!«

»Du sowieso! Um dich mache ich mir gar keine Sorgen.«

Wenn man Freund bleiben will – und bei dieser Freundschaft mochte ich keinesfalls mehr einen Bruch riskieren –, nimmt man einiges in Kauf. Mein Freund Paul, hoffe ich, denkt genauso.

Und doch gibt es eine Eigenschaft meines Freundes Paul, die mein Friedensvorhaben beharrlich bedroht. Wir tauschen Höflichkeiten und Begrüßungsfloskeln aus, unser Gespräch nimmt einen vielversprechenden Anfang, und dann droht es immer wieder an derselben Stelle aus dem Gleichgewicht zu kommen.

Ich sage zum Beispiel: »Ich bin in letzter Zeit ein bißchen schwermütig …«

Pauls Antwort: »Ich auch …«

Oder ich sage: »Ich werde endlich versuchen, mein Buch zu Ende zu schreiben.«

Paul: »Ich auch. Ich schreibe auch ein Buch.«

Ich sage: »Ich sehe immer weniger Menschen, im Unterschied zu früher.«

Paul: »Es stimmt. Du brauchst das Mondäne, für mich hat das nie eine Rolle gespielt!«

Mit meinem Freund Paul verstehe ich mich jetzt jeden Tag besser. Gemeinsam balancieren wir auf den Klippen der Freundschaft …

VERTRAULICHKEITEN

Freundschaften verlocken einen, das Intimste zu teilen. Wie bedrohlich kann es sein, wenn ein Freund den anderen in Liebesangelegenheit zum Ratgeber bestellt. Önone, die Phädras Vertraute wurde und in alle Geheimnisse der Königin eingeweiht war, wird, als sich doch alles zum Tragischen entwickelt, von Phädra verbannt und geht am Ende als Schuldige ins Wasser …

Oder mein Freund Gaspard Lion: Er lebt, er vegetiert in Paris. Blaß, melancholisch, feinsinnig, hypochondrisch und tapfer. Ein noch unentdeckter Pianist. Manchmal betrinkt er sich, dann wird er beinahe verrückt, legt sich nackt auf das Wohnzimmerparkett und wimmert … Er hat viele Sorgen, und wie Alioscha aus den »Brüdern Karamasow« ist er empfänglich für die der anderen. Seine Frau, die ich fürchte, leidet unter Schlaflosigkeit, wie ich. Nächtelang liegt sie neben ihm wach, während er tief und fest schläft. Manchmal weckt sie ihn auf: »Warum schläfst du so ruhig? Du weißt doch, daß ich nicht schlafen kann?«

Vor ein paar Jahren rief mich Gaspard an, er flüsterte in die Telefonmuschel: »Sie ist draufgekommen … Du wußtest es nicht, ich sage es dir jetzt …« Es handelte sich um eine neue Begegnung, eine Lettin aus Riga, in die er sich verliebt hatte. Ich wurde also eingeweiht in die Lebensrevolution meines Freundes, den ich seit meiner Kindheit kannte.

Nach seinem Geständnis, die Sommerferien waren gerade zu Ende, sahen wir uns fast täglich in einem chinesischen Restaurant und schlürften Wan-Tan-Suppe.

»Was soll ich tun?« fragte er mich und vielleicht hauptsächlich sich selbst.

»Das Leben leben«, antwortete der Existentialist in mir.

»Aber ich liebe meine Frau und meine Söhne über alles ...«

»Nichts spricht dagegen, daß du es weiter tust ...«

»Die Hanna aus Riga hat kein Geld, noch nicht einmal Papiere ...«

»Dann besorge ihr welche ... ich kenne jemanden im Außenministerium ...«

»Du bist ein wahrer Freund. Ich liebe Hanna, und ich verstehe mich besonders gut mit ihr ... du weißt, was ich meine ...«

»Aha«, antworte ich in die Wan-Tan-Suppe hinein. Ich lasse mir alles erzählen, ich berate ihn, zweifle sogar mit ihm, wäge mit ihm alles ab und gebe ihm am Ende des Essens den gegenteiligen Rat: »Verlaß deine Frau nie!« Nur weil ich in diesem Moment die Geschichte auf mich übertrage.

Sogar die besten Freunde können einem in Liebesangelegenheiten keinen guten Rat geben. Sie – die Freunde – erzählen letztlich von sich selber, sehen im anderen Leben ihr eigenes, versuchen im anderen Leben das zu korrigieren, was sie in ihrem Leben zu korrigieren wünschen. Oder sie tun das Gegenteil und trachten danach, den Unterschied klar zu definieren: Was er tut, würde ich nie tun ...

Für eine Weile verließ Gaspard seine Frau und lebte mit Hanna. Er stellte sie mir vor, und wir verbrachten einige Abende zusammen. Manchmal schaute er sie an, nahm ihren schwarzlockigen Kopf zwischen die Hände und drehte ihn mir zu: »Sag, daß es keine schönere Frau gibt auf der Welt als meine Hanna.«

»Ja«, antwortete ich, »es gib keine schönere Frau auf der Welt als Hanna.«

So vergingen die Monate. Es war Winter geworden, und ich hörte nichts mehr von Gaspard. Ich rief ihn einige Male an, er meldete sich nicht zurück. Was war geschehen?

Nachdem er seine Frau verlassen und mich in sein neues Leben eingeweiht, ja, mich zu seinem Vertrauten gemacht hatte, war er nun zu seiner Frau zurückgekehrt und assoziierte mich, den Komplizen, mit seinem Ehebruch.

Unser Tisch beim Chinesen blieb leer. Übrigens esse ich überhaupt nicht mehr dort: In der Zeitung habe ich gelesen, daß in jenem Restaurant das Fleisch verdorben sein soll.

Mit Freunden durchs Leben zu gehen – was für ein heikler Balanceakt. Wenn eine Freundschaft zerbricht, erinnert das daran, daß die Zeit Sprünge macht. Was geschieht mit mir? Wenn ich nach einem längeren Zerwürfnis Frieden schließe, zerreiße ich aus dem daraus entstandenen Übermut einen anderen Freundschaftsfaden. Oft kündigt sich der Tod einer Freundschaft schon frühzeitig an.

Ich komme nach längerer Abwesenheit zurück in die Stadt und überlege, wen ich als erstes anrufen soll. Karl F.? So lange habe ich mit ihm nicht mehr gesprochen, ohne einen besonderen Grund, daß ich mich fürchte, ihn jetzt anzurufen. Er würde mich fragen, was dieses lange Schweigen zu bedeuten hätte. Ich könnte es kaum erklären, und das ergäbe die eigentliche Mißstimmung …

Ich will eine meiner besten Freundinnen anrufen, die Publizistin W.: Als ich sie das letzte Mal angerufen habe, meldete sich ihre Sekretärin, von der ich erfuhr, daß meine Freundin innerhalb eines Monats ihren Mann und ihren Vater verloren hatte. Sie ließ mir ausrichten, daß sie keinen Menschen aus ihrer Vergangenheit mehr sehen möchte, so heftig trauert sie. Das war im Winter, nun ist es Sommer. Ich wähle ihre Nummer, doch die Telefonnummer gibt es nicht mehr. Nach einem zusätzlichen Todesfall, erfahre ich später, ist W. ausgezogen und hat die Stadt verlassen.

Ich denke an die Dramatikerin Tania R. Daß ich ihr Theaterstück in den Sand gesetzt habe, konnte sie mir gerade noch verzeihen (aber nur gerade noch). Ich erfahre, daß sie den Sommer in der Stadt verbringt. Ihre Kinder und ihr Mann sind in den Bergen. Ich freue mich auf das Wiedersehen. Ohne mich bei ihr anzukündigen, mache ich mich auf den Weg und spaziere Richtung St. Germain, ich will sie überraschen. Von Belville, wo ich wohne, dauert es eine gute Stunde, aber zum großen Teil geht es abwärts. Endlich ein bißchen Bewegung! Auf halbem Weg läßt meine Euphorie nach, ich will sicherstellen, daß sie auch wirklich zu Hause ist. Ich setze mich auf die Terrasse eines Cafés und drücke ihren Namen auf meinem Handy. Es antwortet ihre aufgenommene Stimme: »Ich kann jetzt nicht. Ich rufe gleich zurück.« Hinter dem »Ich kann jetzt nicht …« höre ich eine seltsame Not. Ich hinterlasse eine Nachricht, warte und bestelle eine Limonade.

Der Nachmittag geht zur Neige. Ich lese die Zeitung, jetzt rufe ich nochmals an. Die gleiche dunkle Stimme: »Ich kann jetzt nicht …« Ein wenig ratlos schlendere ich nach Hause zurück und überlege, was los ist. Warum ruft sie nicht zurück? Ich habe erst später den Grund ihres Schweigens erfahren. Sie hatte sich rasend verliebt – in einen guten Freund von mir, und der hatte sie nach sehr kurzer Zeit zurückgestoßen. Sie liebte ihn weiter, unglücklich und leidenschaftlich wie nie zuvor. Sie hat unsere Freundschaft aufgekündigt, weil sie davon überzeugt ist, daß ich meinem Freund zu dieser Abwendung geraten habe.

Irgendwann schrieb sie mir in einem kurzen Brief: »Wenn du ihm nicht von mir abgeraten hast, was ich kaum glaube, so hast du wenigstens nichts dafür getan, daß er zu mir zurückkehrt. Dabei lag es in deiner Macht!« Inzwischen will Tania von meinem Freund gar nichts mehr wissen, und von mir auch nicht, da wir in ihrem Leiden Zwillinge geworden sind.

Der Sommer ist vorbei, ich spaziere wieder allein durch die Stadt. Ich gehe im Kopf meine Freunde durch, frage mich, ob mir überhaupt mit irgend jemandem eine gute Verbindung geblieben ist oder ob das Gewebe all meiner Freundschaften zerrissen ist. Da fällt mir Marius ein, er lebt außerhalb der Stadt, in der Nähe von Fontainebleau. Ich kenne ihn seit mehr als einem halben Leben. Wir sind in viele Länder zusammen gereist, wir haben über Schriftsteller gesprochen und gestritten, und, als ich noch gesund war, zusammen getrunken. Doch als ich ihn anrufen möchte, überfällt mich ein seltsames Gefühl: Habe ich ihm nicht erst vor zwei Monaten meine Freundschaft gekündigt, weil ich von einem Moment zum anderen an eine kleine mir unpäßliche Bemerkung dachte und plötzlich fand, daß ich die Summe seiner kritischen Einwände in all den Jahren nicht mehr vertrage?

Empfinde ich wie Anton Reiser Genuß, wenn ich ungerecht behandelt werde? Wie nachtragend und gar nicht weiser macht uns das Alter? Mir fällt eine Erzählung von Emmanuel Bove ein: Ein Mann bricht mit allen seinen besten Freunden aus irgendeinem Anlaß, ja, er geht sie sogar besuchen, einen nach dem anderen, um den Bruch offiziell zu verkünden. Zuletzt macht er mit sich Schluß. Er wirft sich in die Seine.

Während ich diesen Gedanken nachhänge, klingelt das Telefon. Es ist mein Freund Paul, der Maler, mit dem ich über ein Jahr zerstritten war. Ich freue mich über seinen Anruf, er aber fragt: »Und mit wem hast du dich jetzt überworfen?«

EIN VERLORENER FREUND

Auf der Autobahn zwischen La Ciotat und Aix habe ich an Thomas Brasch gedacht. Zuerst hörte ich seine verrauchte Stimme, dann sah ich ihn sich eine Zigarette anzünden und lachen. Die Stimme von Thomas paßte zu seiner Aggressivität. Seine Sprache war eine Waffe, voller Scharfsinn, aber auch voller Zärtlichkeit.

Wenn ihm etwas nicht behagte, runzelte er die Haut direkt über der Nase unter der Stirn. Durch die Augen hindurch leuchtete Verzweiflung – eine Verzweiflung, die tief aus der Vergangenheit kam. Weiße Streifen blitzten in den dunklen Augen. Er schrie oft stumm nach Hilfe, während er gleichzeitig den Macho gab. Als er in den Westen kam, war er wie ein junger Stier, den man in die Arena losläßt. Er schnellt ins Licht, das er seit Tagen nicht mehr gesehen hat, rast gegen die Holzplanken und stößt seine Hörner hinein. Dann sieht er den Torero, der Stier zögert, schließlich rast er auf ihn zu …

Er schrieb nicht, es schrieb durch ihn, daher seine schönen Gedichte. Doch Literatur interessierte ihn nie sonderlich, er war aus einem anderen Stoff. Um den Klang seiner Stimme bildete sich das ganze Wesen. Seine Stimme schwebt noch in der Luft. Immer noch auf der Autobahn, gingen meine Gedanken in einen Traum über:

Es hatte zu regnen begonnen im Wiener Volksgarten, die

Menschen flüchteten in den Pavillon. Es waren Geschäftsmänner, insgesamt fünf, dazu Glaskubin und Thomas Brasch, der längst betrunken war. Ich kannte nur Brasch und Glaskubin, alle waren wir im Smoking. Wir versanken in den Ledersesseln, die von der Terrasse ins Trockene transportiert wurden, für die Gala zu Ehren des Dichters. Als Glaskubin Thomas vorstellte, öffneten die Männer kaum ihre Augen und Münder, zwischen denen dicke Zigarren qualmten. Dann schnappten die Lippen wieder zu, und sie zogen an ihren Havannas.

Bevor sie ihm noch die Hand geben konnten, hatte sich Thomas hinter einer riesigen Pflanze versteckt, aber alle sahen ihn. Er machte ausladende Bewegungen in der Luft, die wir nicht verstanden. Die Männer tranken Bordeaux, und während Glaskubin die Gläser vollschenkte, schauten sie auf das Etikett der teuren Flasche und nickten zufrieden. Ich brachte Thomas ein Glas, und er goß es in den Pflanzentopf. »Für die Hibis den Pomerol 84!« Die Geschäftsleute bemühten sich, sich nichts anmerken zu lassen. Aber ihre Augen begannen, nervös zu blinzeln, die Schultern und Rücken waren steifer geworden, als spannten sie ihre Muskeln gegen einen drohenden Schlag. Sie wollten aufbrechen, doch die Angst des Betrunkenen lähmte sie.

Thomas war wieder hinter den Pflanzen verschwunden, und als er wieder auftauchte, trug er eine Narrenkappe aus Zeitungspapier. Er kicherte laut, ich hörte ihn sagen: »So etwas, das könnt ihr besser ohne mich!« Er rannte hinaus in die Kälte, während er sich das Hemd von der Brust riß. Der Regen hatte sich in Schneeflocken verwandelt, ich bin ihm nicht gefolgt ..., aber mit schlechtem Gewissen aufgewacht.

Brasch kicherte viel und hämisch, doch nicht wirklich böse.

Er befreite sich durch sein Lachen, aber es endete meistens in Husten und Rotzen. Weil ich seine Stimme hörte, dachte ich, er sei anwesend. Man stirbt nur zum Teil. Ein Teil des Bewußtseins, das keinen Raum und keinen Körper braucht, bleibt und erscheint im Gedächtnis der weiterlebenden Freunde. Über Tote fällt man keine Urteile mehr. Man sieht die Toten gegenwärtiger als Lebende. Man sieht ihren Hinterkopf, man sieht sie im Gespräch mit den anderen.

DER FREUND MEINES FREUNDES
für KMG

Der Maler Gilles Aillaud ist nach langer Krankheit gestorben. Ein Jahr lag er stumm auf seinem Kanapee, er selbst hatte seiner Frau angekündigt, daß er ab einem bestimmten Moment nicht mehr sprechen wolle. Zwei Monate vor diesem Jahr, in dem er schwieg, ging er nicht mehr in sein Atelier in Malakoff am Rand von Paris, wollte er nicht mehr von seinem Sohn dorthin gefahren werden. Viele Jahre zuvor hatte er einen Schlaganfall erlitten und konnte sich von da an kaum mehr bewegen. Die reglose Hand hielt er verkrampft zwischen den Beinen, mit der anderen stützte er sich auf seinen Stock. Überall mußten ihm Freunde helfen: aus dem Wagen hinaus und die Treppe hinauf, in seinen Mantel hinein, und weil seine Arme steif waren, verrenkten wir uns selber die Glieder dabei. Einmal stand ich neben ihm und war aus lauter Hilfsbereitschaft in einen seiner Mantelärmel geglitten ...

Er war ein zierlicher Mann, der hinter seiner schwarzen Brille schmunzelte. Er war immer schweigsam, schon lange vor seinem endgültigen Schweigen – wobei niemand genau weiß, ab welchem Zeitpunkt es seine bewußte Entscheidung war – schwieg er täglich viele Stunden, manchmal freundlich, manchmal aus Sarkasmus, meistens aber ohne erkennbaren Grund. Aber das konnten wir nicht wissen.

Sein bester Freund, Klaus Michael Grüber, ist auch schweigsam: Zusammen brachten sie geheimnisvolle Stimmungen auf die Bühne, Aillaud durch seine Räume aus Farben, die nicht den Theatergesetzen folgten, Grüber durch die Art, wie er die Menschen sich darin bewegen, atmen und sprechen ließ. Von Grüber weiß ich: Als er seinen Malerfreund einmal besuchte, blickten sie sich lange in die Augen. Aillaud soll diesen Blick nicht mehr losgelassen haben, er atmete mit den Pupillen, als wollte er Grüber einen Gedanken oder ein wichtiges Detail zu seinem Bühnenbild mitteilen – vielleicht eine bestimmte Farbe, ein bestimmtes Material. Seine Frau stand ratlos daneben.

Ein Jahr davor hatte ich Aillaud getroffen, nicht in seinem Atelier, sondern in seinem Wohnzimmer. Auf dem Tisch ein paar Bücher, die er gelegentlich auf- und zuklappte, und ein Glas Wasser, das er nicht anrührte. Ich erzählte ihm von neuem das Stück, das wir zusammen machten, er wollte es nicht lesen. Er sagte: »Alles rot!«, und so ließ ich es ausführen. Er sagte: »Ein Stier!«, und über die Bar wurde auf die Wand ein schwarzer Stier gemalt. Wir haben ihn vor sein Modell getragen, er starrte hinein und sagte nichts. Das Modell wurde Wirklichkeit, indem er hineinschaute.

Gilles Aillaud saß einst in seinem Atelier und vor seinen Bildern, die mit den Jahren immer breiter und größer geworden waren. Fast waren sie unerreichbar für ihn geworden. Er malte blaues Licht auf blauem Meer und braune Strandlamellen, die wie Wolken über dem Wasser aussahen. Er malte geschmeidige Tiere, gefangen in Käfigen. Er malte blasse und doch farbige Stimmungen, nie getragen, immer licht. In seinem Atelier stand neben einem Froschgerippe und einer Sammlung von Schnecken ein schäbiges Transistorradio, aus dem undeutlich *Radio Classique* erklang, dazwischen rauschte und knackte es – vielleicht war er nicht mehr in der Lage, den Sender richtig einzustellen. In der winzigen Toilette stand eine Kiste White Label, auf einem Holzgestell zwischen den Farbpaletten ein Tauchsieder und eine große Büchse Nescafé.

Wenn ich ihn dort anrief, habe ich mir jedes Mal vorgestellt, wie er sich mühsam erhob und auf den Weg machte zu seinem Telefon. Man mußte es sehr lange klingeln lassen – wer ihn nicht kannte, hätte längst aufgelegt. Ich freute mich auf den Moment, in dem er den Hörer abnehmen würde. Dann sagte er mit einer leicht gequetschten Stimme: »Comment ça va ?« Und ich antwortete: »Und du?« Auch wenn ich ihn ein ganzes Jahr nicht gesehen hatte, immer begrüßte er mich mit der gleichen Melodie: »Comment ça va?«

Da Aillaud und Grüber die engsten Freunde und größten Komplizen in künstlerischen Angelegenheiten waren, scheue ich mich, ihn für mich zu vereinnahmen, auch wenn sich zwischen uns eine Art Freundschaft entwickelt hatte. Er betrachtete mich amüsiert. Ich war für ihn genauso undurchschaubar wie er für mich. Aus Respekt für ihn war ich nicht in der Lage, die Hand über das Glas zu legen, wenn er mir bei seinem Lieblingschinesen von dem schlechten Rosé einschenkte. Ich wurde betrunken aus Zuneigung und Bewunderung. Gemeinsam schwankten wir aus dem Lokal, er in seinem hellen Mantel, in den wir uns gemeinsam verwickelt hatten.

Der Nachmittag war seine müde Zeit, da schlief er ein vor seinen Modellen. Wir schauten lange auf einen von ihm gebastelten Hügel, er nickte ein, bis er im Halbschlaf etwas murmelte wie: »Man sollte darauf achten, daß es Styropor ist, und ihn nur an wenigen Stellen anmalen, letztlich fast gar nicht.«

Als er mich zum ersten Mal in meinem dreistöckigen Familienhaus in Belville besuchte, meinte er, ich würde in der Hölle leben ... drei Stockwerke! Er blieb in der Küche, nahe beim Eßtisch. Ein Jahr vor seinem Ableben saß er am selben Platz und sagte schon kein Wort mehr.

Früher hielt er sich im Sommer auf der Insel Skyros auf und malte die leeren Strände oder den Horizont. Wir kannten uns noch nicht, doch wir waren zur selben Zeit auf der Insel. Später, als ich die Bilder anschaute, fragte ich mich, ob ich ihn nicht doch auf Skyros getroffen hatte im Haus einer rothaarigen Amerikanerin, die sich dort in einen Taxifahrer verliebt hatte und geblieben war. Jeden Abend ging sie ins Strandrestaurant, wo sie, betrunken vom Retsina, frenetisch ihre langen Haare zur Musik schüttelte. Ich habe Aillaud nie danach gefragt, obwohl es mir wichtig schien.

Der Tod hört nicht auf, einen zu erschrecken. Aillaud war so lange für alle abwesend, und nun starb er. In diesem Moment sieht man nur noch das Leben und den Tod, und nicht mehr die Zeit, die dazwischen liegt.

Wir versammelten uns vor dem kleinen Aufbahrungsraum des Hôpital Cochin im April. Es regnete, irgendwann schien kurz die Sonne – wie bei allen Beerdigungen. Aillaud lag in seinem offenen Sarg, und das erste, was man von ihm erblickte, war seine dunkle Sonnenbrille. Sie ragte aus dem Gesicht heraus, das seltsam geschrumpft war. Der Anblick erinnerte mich an die Figur des kleinen nackten Mannes in der Saatchi-Gallery in London: Er liegt da mitten im Raum auf einem flachen silbernen Podest.

Wir standen im Gang vor dem schmalen Zimmer, das keine Tür hatte. Keiner traute sich hineinzugehen, jeder blieb an der Schwelle stehen und hob ein wenig die Schuhspitzen, um

Aillaud zu sehen. Der tote Körper löst Neugierde aus, die für einen Moment die Trauer hinter sich läßt. Wir standen herum, und niemand wußte, wie die Zeremonie weitergehen würde. Im Nebenraum wurde für einen Juden der Kaddisch gesungen, zehn schwarzgekleidete Männer, die kamen und wieder gingen. Die Lieder für den Toten nebenan sollten auch die Abschiedslieder für unseren Freund sein, dachte ich. Wieso gab es keine Regeln bei diesem Abschied, wieso diese übertriebene, letztlich gottlose Bescheidenheit? Mit dem Sterben stirbt nicht gleich die Seele, sie sieht, riecht, spürt noch, was um sie herum vor sich geht. Die Seele unseres Freundes spürte die Ratlosigkeit der Menschen, die von ihm Abschied nehmen wollten.

Irgendwann – ich weiß nicht, von wem die Information kam – machten wir uns auf dem Weg zum Friedhof Père Lachaise. Wieder standen wir ratlos in einem Warteraum, während Aillaud eingeäschert wurde. Keiner erfuhr, wann die Zeremonie begonnen hatte und wie lange es dauern würde. Niemand sagte etwas, keiner hielt eine Rede, die Stimmen, die wir hörten, die feierlichen Worte und die Gesänge galten anderen Toten und anderen Angehörigen. Wir, die Freunde von Gilles Aillaud, standen und saßen dort wie auf einem verlassenen Bahnsteig. Unsere Verlorenheit entsprach dem Geist des verstorbenen Malers. Aber mehr noch der Tatsache, daß er nicht mehr in der Lage war, sich etwas wünschen zu können für den Tag seines Abschieds.

Zu einem Toten gehört eine Stimme, dachte ich. Jemand muß über den Toten sprechen – stammeln, improvisieren meinetwegen –, muß beweisen, daß es ihn, den Freund gab.

Plötzlich bin ich aufgestanden in diesem Warteraum auf dem Père Lachaise und habe angefangen zu sprechen, über

Klaus Michael Grübers besten Freund. Ohne es zu wollen, habe ich über Aillaud gesprochen und dabei Grüber angeschaut. Ich habe mir gedacht, was würde er sagen, wenn er seine Scheu hätte bekämpfen können. Obwohl Aillaud mein Freund war, wollte ich aus Grübers Mund sprechen, aus dem Geist seines besten Freundes. Dabei wußte ich so wenig über diese Freundschaft, außer daß sie lange dauerte und Grübers tiefste Verbindung war.

DIE ZWEI TAXIFAHRER

Sie fahren mich, die beiden Taxifahrer, in zwei verschiedenen Städten: Herbert in Wien, Benmussa in Paris.

Beide kennen mich mehr, als sie dürften, bin ich versucht zu sagen.

Herbert trägt ein gestreiftes Sakko und eine dunkel glänzende Krawatte mit einer goldenen Spange, Benmussa einen paramilitärischen Anorak und Turnschuhe der Marke Puma.

Sie fahren beide einen grauen Mercedes, wobei Herberts Wagen neuer und sauberer wirkt als der von Benmussa.

Herbert steigt jedesmal aus seinem Wagen und öffnet mir zuvorkommend die Tür, Benmussa schließt kurz die Augen, wenn er sich von mir verabschiedet.

Herbert duze ich, meinen Blutsverwandten Benmussa sieze ich. Doch in Gedanken bin ich mit beiden per Du – »Du, mein Freund!« oder »Du Idiot!«, je nachdem …

Herberts politische Gesinnung kenne ich nicht, aber er kennt seine eigene auch nicht – Gott sei Dank, und wie selten bei einem Taxifahrer! Sein Privatleben ist uns beiden eine Last.

Benmussa hört Tag und Nacht *Radio-Juive*, und wenn ein arabischer Kollege einen Fehler macht, beschimpft er ihn, indem er ihn duzt: »Hast du noch nicht gelernt, was der Unterschied zwischen Rot und Grün ist!« Ich bitte ihn, den Mund zu halten, was überhaupt nichts nützt.

Herbert ist trocken – und wenn er es nicht ist, bedeutet es in seinem Leben ein Drama. Er sieht sehr aufgeräumt aus. Ich genieße die Ruhe, mit der seine weißen Hände auf dem Lenkrad liegen. Es ist, als wären alle Straßen der Stadt eine einzige vielspurige Autobahn, auf der wir ganz allein unterwegs sind. Seine schwarzen Schuhe glänzen auf dem Gaspedal. Er könnte sich bei strahlender Sonne in seinen Schuhen spiegeln.

Benmussa trinkt auch gar nichts, außer seiner Muselmanophobie erlaubt er sich keine Exzesse. Er ist davon überzeugt, daß Alkohol einen durcheinanderbringt, egal in welcher Menge. Benmussa ist ein unruhiger, nervöser Mensch. Es sind selten die Araber, die die Fahrfehler machen, meistens macht er sie. Mitten in einer Einbahnstraße fängt er an zu fluchen, wenn er merkt, daß er das Schild übersehen hat. Dann schaltet er in den Rückwärtsgang und rast mit abenteuerlichem Tempo die Straße zurück.

Herbert aus Wien vergißt nie meinen Geburtstag. Und an jedem ersten Januar wünscht er mir ein gutes neues Jahr. Dafür schenkt mir Benmussa Mazze an Yom Kippur, und wenn uns manchmal am Nachmittag nichts Vernünftigeres einfällt, gehen wir zu Goldenberg und kaufen dort große Büchsen Heringe, auf die ich mich mehr freue, als daß ich sie wirklich genieße. Meistens schmeiße ich sie sogar nach zwei Tagen weg.

Der Jude Benmussa schenkt mir seine Zeit für eine politische Diskussion. Ja, er stellt den Zähler ab, um mich davon zu überzeugen, daß George W. Bush für Israel die einzige Lösung ist. Als der todkranke Arafat nach Paris ausgeflogen wurde, sagte er zu mir: »Endlich haben wir ihn!«

Wenn ich Herbert am Morgen frage, wie es ihm geht, hebt

er langsam die rechte Hand, und während sich die Bewegung in der Luft verliert, sagt er: »Alles in bester Ordnung!« Vor ihm, an der Innenseite der Windschutzscheibe, klebt eine Fotografie seiner neuen Ehefrau Gerda. In einer üppigen Tracht hält sie einen Blumenstrauß vor der Brust. Es ist ein Hochzeitsfoto, bei dem man den »Lächeln!«-Zuruf im Hintergrund hört. Auf dem Foto schaut sie dem Betrachter nicht ins Gesicht. Vielleicht ist das für Herbert angenehmer so, sie fährt als stille Beifahrerin mit.

Mein Wiener Taxifahrer war schon einige Male verheiratet, worüber wir ab und zu plaudern. Er will die vergangenen Frauen ganz und gar hinter sich lassen, was sie jetzt tun, ist ihm »wurscht«. Die letzte, die vor Gerda, verflucht er geradezu. Wenn er von ihr erzählt, kann es passieren, daß er abrupt schaltet, plötzlich Gas gibt oder sehr langsam fährt.

Manchmal begleitete sie ihn auf einer Fahrt, ich erinnere mich noch gut an sie. Sie schien ihn zu kontrollieren, sprach leise und vorwurfsvoll. Es waren Vorwürfe, die von einem anderen Ort kamen und aus einer anderen Zeit. Herbert blähte die Backen, seine Augen starrten auf die Fahrbahn, als befände er sich schon auf der Flucht vor dieser Person, die ihn quälte. Auf seinen Brillengläsern raste die Straße vorbei.

Einmal kam es zu einem leisen, doch heftigen Streit. Sie waren kurz davor, sich zu prügeln, und ohne meine Anwesenheit hätten sie es wahrscheinlich getan. Da bremste Herbert plötzlich, beugte sich über ihr Knie und öffnete die Beifahrertür. Noch im Fahren schob er sie zur Tür hinaus … und seufzte erleichtert, als sie vom Trottoir aus gegen die Scheibe zu schlagen versuchte.

Über das sogenannte Privatleben von Benmussa weiß ich nichts. Ich höre ihn nur manchmal »meine Schwester« und

»meine Mutter« sagen. Ich bin mir sicher, daß er mit den beiden zusammenwohnt, außerhalb von Paris. Wahrscheinlich kochen die beiden für ihn, und er ist ihr Mittelpunkt.

Abends kommt er nie zu spät nach Hause, und morgens fängt er früh an. Wie Herbert hat er gute Kunden, die er den ganzen Tag behält und dann zum Flughafen Charles de Gaulle fährt. C. D. G., weit von der Stadt entfernt, lohnt sich mehr als der Flughafen Schwechat, der nahe bei Wien liegt. Doch Benmussa verlangt für den langen Weg einen Spottpreis, Herbert ist teuer: Er hat den Wagen auf Kredit gekauft, und er wird noch lange brauchen, um ihn abzuzahlen.

Alles, was Benmussa außerhalb der gemeinsamen Fahrten und den Kaffeepausen, die wir miteinander teilen, treibt, liegt im Bereich der Phantasie. Mit Herbert habe ich schon einiges erlebt (und er mit mir). Er hat einen Sohn, der Anorektiker ist, also die Nahrungsaufnahme verweigert. Er ist um die Dreißig, ich glaube, er verdient kein Geld, und Herbert kommt für ihn auf.

Manchmal, wenn er von Melancholie heimgesucht wird, läßt mein Wiener Fahrer sein Auto stehen und legt sich ins Bett. Da kauert er dann zusammengekrümmt an der Wand, auf der künstlicher Efeu emporkriecht. Neben dem Bett steht eine leere Flasche Gin, und gegenüber, auf dem blaßgrünen Diwan, sitzt ein Teddybär. Die Augen des Plüschtiers leuchten im Unterschied zu den leeren Pupillen von Herbert, und einmal, als ich den armen Mann in dieser Verfassung besuchte, war ich kurz davor, den Teddy um Rat zu fragen.

In meiner Phantasie sehe ich Benmussa zu Hause auf seinem Sofa, wie er stundenlang vor dem Fernseher sitzt, es läuft der französische Nachrichtensender *LCI*, und dabei einen Bagel nach dem anderen verdrückt. Er verfolgt die

Nahostkriege wie eine Fußballweltmeisterschaft. Der Boden ist voller Krümel, die Schwester, auf allen vieren, sammelt sie geduldig auf. Ihr Körper verschwindet unter dem Sofa. Die Mama sitzt in ihrem Lehnstuhl und blättert ein wenig verwundert in einem zerfledderten Taschenbuch, das ich Benmussa vorige Woche geschenkt habe: »Leidenschaften« von Isaac B. Singer.

»Was ist das, mein Bub?«

»Ein jiddischer Schriftsteller, Mama …«

»Und für was soll das gut sein?«

»Das lese ich …«

»Aber warum denn, hast du nichts Besseres zu tun?«

»Ich muß mich bilden …«

»Gegen was hast du es getauscht? Du hast es ihm doch hoffentlich nicht abgekauft?«

»Nein. Es ist ein Geschenk. Gib Ruhe!«

LCI zeigt unterdessen zerstückelte Kinder aus Gaza, Jerusalem, Bagdad oder anderswoher.

Benmussa, obwohl er jedem Araber die Atombombe an den Hals wünscht, ist im Grunde ein gütiger Mensch. Seit Jahren fährt er eine wohlhabende Kundin, und zu ihrer zweiten Hochzeit wollte er ihr etwas Prächtiges schenken. Keiner will es mir glauben: Es war ein moderner Tisch von einem bekannten Designer. Er ließ sich von seiner Kundin den Katalog geben und bat sie, sich daraus etwas auszusuchen. Sie zeigte auf ihr Wunschgeschenk. Er fragte nach dem Preis, ein sehr hoher Preis, und bestellte, stolz und ein wenig geknickt, das übertriebene Geschenk. Der Verkäufer in der eleganten Galerie schaute ihn erstaunt an, als Benmussa das Bündel Geldscheine aus der Tasche zog, das er von seinem Konto abgehoben hatte. Es war viel zu wenig, da Benmussa immer noch in Francs rechnete statt in Euro. Der Tisch kostete aber nicht 5000 Franc, sondern 5000 Euro. »Ich fahre halt ein wenig mehr«, lautete sein Fazit, »aber auf keinen Fall saudische Prinzen!«

Neulich habe ich versucht, ihm deutlich zu machen, daß so, wie er über die Araber spricht, einige vor Hunderten und vor allem vor kaum sechzig Jahren über die Juden gesprochen haben.

»Ja, aber wir wären nie auf die Idee gekommen, Konzentrationslager zu erfinden«, antwortete er nach einer kurzen Pause.

»Die haben«, entgegnete ich, »doch nicht die Araber erfunden …«

»Sie haben recht … Ich gebe Ihnen recht.«

»Also …«

Benmussa bewegte langsam den Kopf hin und her: »Trotzdem … trotzdem …«

»Intelligente Juden denken wie ich, Benmussa.«

»Haben wir schon einmal irgendeine Geisel geköpft?«

»Ich gebe Ihnen recht, Benmussa … was die abgeschnittenen Köpfe betrifft, gebe ich Ihnen recht …«

Wir schwiegen eine Weile. Benmussa wackelte wieder mit dem Kopf, als würde er die Worte im Geiste zusammenklauben: »Aber die Deutschen, die Franzosen und vor allem die Österreicher hasse ich auch. Alle!«

In diesem Augenblick stelle ich mir Herbert vor, wie er aus seinem verklebten Bettzeug herauskriecht. Er tastet nach seiner Brille auf dem Nachttisch, aber da liegt sie nicht. Er steht auf, taumelt ein bißchen und stolpert über eine leere Ginflasche. Die Brille liegt auf der Ablage im Badezimmer, neben einer offenen Tablettendose. Herbert schaut sich im Spiegel an. Sein unrasiertes Gesicht. Seine müden Augen suchen sich selbst.

Er holt sein Handy aus der Schlafanzugtasche und drückt meinen Namen.

Ich bin in Paris, sitze im Mercedes von Benmussa. Aus dem Radio erklingt orientalische Musik.

Es vibriert in meiner Hand, in der ich das Telefon halte.

Herbert hält sich nicht mit Begrüßungen auf. »Ist heute nicht dein … Hochzeitstag?«

»Ja, du hast recht, Herbert … heute ist mein Hochzeitstag.«

»Ich wünsche dir alles Gute, alles Gute.« Und schon hat er aufgelegt.

Benmussa lächelt, ein wissendes und leicht höhnisches Lächeln.

Er sagt: »Das ist doch ein bißchen indiskret, Sie auf Ihren Hochzeitstag anzusprechen, finden Sie nicht …«

Meine beiden Freunde im Taxi, Herbert in Wien, Benmussa in Paris: Beide kennen mich besser, als sie dürften.

IV

TURBULENZEN

EINE KÜNSTLERFAMILIE

Sie waren vier, die Familie Schelten. Die Mutter Sonja, die Tochter Katharina, Noël, der Sohn, und Germain, der Vater, sehr blaß im Gesicht. Sonja unterrichtete Schauspiel, sie war eine bekannte Komödiantin in den fünfziger und sechziger Jahren, spielte Schrullen, Tschechow-Witwen und Halbverrückte. Sie konnte maßlos übertreiben, doch zu dem Zeitpunkt, als ich jung war und Schauspieler werden wollte, gefiel mir das sehr. Nur in der Übertreibung schien mir die Schauspielkunst zu ihrem Recht zu kommen, das Zuviel war mir ein Genuß. Es konnte gar nicht genug sein: »Noch mehr! Noch mehr!« wollte ich rufen, bis die Karikatur unerträglich wird und schließlich, am Höhepunkt, wie ein Stern verlischt.

Ich besuchte sie dreimal die Woche und nahm bei ihr Unterricht. Bei Sonja lernte ich viel mehr als auf allen Schulen. Sie lag auf ihrem Diwan, der über und über mit orientalischen Teppichen bedeckt war, und versteckte ihre zu dicken Beine unter einer hellbeigen Kaschmirdecke. Auf der Spitze ihrer Nase saß eine runde kleine Brille.

Über die Brillenränder betrachtete sie ihre Schüler (meistens waren wir zu dritt oder zu viert, manchmal erhielt ich auch Einzelunterricht), während sie gleichzeitig mit ausgestreckten Armen das Textbuch so weit wie möglich von ihren Augen entfernt hielt. Eine voluminöse Perücke bedeckte ihren Kopf, durch eine Krebsbehandlung waren ihr die Haare ausgefallen. Ich hörte aber, daß dieses Haar vollkommen ihrem echten entsprach: karottenrot und ohne Locken.

Ihre Wohnung im neunten Arrondissement war immer unordentlich, sogar ein wenig verlottert. Am Abend, die Zeit der Unterrichtsstunde, leuchteten die Stehlampen rot und orange; sie verdeckten den Schmutz und bereiteten uns eine anheimelnde und geschützte Atmosphäre.

Immer wieder unterbrach sie mich während der Übungen und rief: »Du beobachtest dich! Ich glaube dir nicht! Noch mal!« Manchmal fand sie mich urkomisch, dann sagte sie: »Du wirst ein Komiker, so was fehlt uns, davon gibt es immer weniger!« Kaum hatte ich das Kompliment vernommen, änderte sich etwas in meinem Ausdruck, und sie schrie: »Schlecht! Schlecht! Du beobachtest dich schon wieder!«

Sie brachte uns Atmen bei, während wir die Alexandriner deklamierten, und das waren für mich Momente der Panik und des drohenden Erstickens. Ich mußte die Anweisung »In diesem Satz *jetzt* atmen« nur hören, und schon verschluckte ich meinen Speichel. Die schönen Verse von Racine verfingen sich in meinem Hals.

Ich verschluckte mich und mußte husten, dann ging ich in die Küche ein Glas Wasser trinken. Allein auf dem langen dunklen Korridor versuchte ich, etwas von den anderen Mitgliedern der Familie zu erspähen.

Ich warf einen Blick durch einen offenen Türspalt, aus dem ich das Geräusch von Scheren und Papier hörte. Da saß Germain, Sonjas Mann, und arbeitete an seinen Modellen, er war Bühnenbildner. Mit der Schere schnitt er runde Formen in Kartons, die meist dunkelblau bemalt waren. Der Bühnenrahmen schien wie zwei leere Augen, und im Hintergrund setzten sich die gewölbten Formen fort wie Hügelkuppen. Die Himmel seiner Bühnenbilder waren stets die gleichen, egal ob es sich um ein Stück von Ionesco oder eine Komödie von Ostrowski handelte: violette und sternenlose Gewölbe, trist und hoffnungslos. Wenn der Vorhang sich vor ihnen hob, war das finstere Ende des Stückes vorherbestimmt.

Germain war ein stiller, zarter und dazu gebrechlicher Mann. Er stotterte, doch nicht aufgrund eines Defekts von Geburt an, sondern weil er scheu war in der Begegnung mit fremden Menschen. Und fast alle waren Fremde für ihn, sogar seine Frau. Ich habe oft erlebt, daß er nicht nur stotterte, während ich mich mit ihm unterhielt, sondern dazu noch rückwärts ging, mit den Armen vorsichtig nach hinten tastend, damit er nicht hinfiel. Am Ende des Gesprächs stand er in der Ecke seines Ateliers und blieb da, bis ich hinausging. Seine Scheu war unheilbar.

Nur zum Abendessen kam er aus seinem Zimmer, den Tag über ließ er sich von Katharina Salat, Zwieback und Rotwein ins Atelier bringen. Er wollte nicht gestört werden bei seinen dunkelblauen Kreisen und Wölbungen. Seine Himmel brauchten einen ruhigen Strich, sonst wäre seine Welt zerstört gewesen. Ich ließ ihn zurück in der Ecke, in die ich ihn gescheucht hatte.

In der Küche bereitete sich Noël Kaffee. Er war das jüngste Kind, groß und schlank wie Germain, und auch er schien die Wohnung nie zu verlassen. Heute kommt es mir vor, als hätten sie sich alle versteckt, wie während des Kriegs. Dabei waren sie Künstler, die das Haus nicht verlassen mußten, um ihre Kunst auszuüben, mit Ausnahme von Sonja, wenn sie Vorstellung hatte und ins Theater ging. Noël hatte Pantomime gelernt in einer Schule, die nach den Methoden von

Etienne Decroux unterrichtete. Ich belächelte diese Kunst. Warum muß man so tun, als wäre man in der Metro und hielte sich an einer Stange fest, wenn man es doch tagtäglich wirlich tut. Oder noch schlimmer: Warum muß man so tun, als würden die Hände an einer Fensterscheibe kleben? Wenn man im richtigen Leben vor einer Fensterscheibe steht, würde man sich doch hüten, die Scheibe schmutzig zu machen mit seinen Tatzen. Doch Noël konnte noch viel kompliziertere Dinge mimen, und ich habe es von ihm gelernt: einen dünnen Faden in eine Nadel fädeln, ein wild zappelndes Huhn rupfen, einen Löffel mit klebrigem Honig aus einem Behälter schöpfen und auf eine getoastete Scheibe Brot schmieren …

Noël wohnte in einem leeren Zimmer, das er mit seinen imaginären Handlungen auffüllen konnte. Und natürlich fand er den Beruf seiner Mutter ein wenig lächerlich: all die überflüssigen Wörter, all die Töne und Geräusche, die der Pantomime entgegenstanden, der Huldigung einer stummen Welt. Deswegen sprach er mich in der Küche nicht an, wenn ich ihn traf: Ich gehörte zu der Partei der Sprechenden, ja sogar zur Partei der Deklamierenden. Der Kontrast zur Mutter hätte nicht größer ausfallen können, die, wenn sie nicht gerade unterrichtete oder spielte, Platten von Sarah Bernhard auflegte. Am liebsten »Phädra«, bei der an Stelle des Textes ein bebender Gesang tritt, eine Art überhöhtes tränenloses Schluchzen. Noël lächelte, als er mich Wasser trinken sah, und sagte nur leise: »Die Verse! Die Verse!«, als ließe sich jeder Satz auch stumm ausdrücken.

Manchmal kam es vor, daß Sonja die Stunde unterbrach, weil sie sich hinlegen mußte. Dann hatte ich Gelegenheit, mich in aller Ruhe in der Wohnung umzusehen. Am meisten interessierte mich das Zimmer von Katharina, gleich neben der Eingangstür.

Katharina saß auf ihrem Bett, mit einer Laute in den Armen. Alle Kohle der Welt war nicht so schwarz wie ihr langes Haar. Sie war ein paar Jahre jünger als ich. Ihre Haut leuchtete weiß, die Mandelaugen waren grün wie die einer Katze. Wenn ich sie überraschte, stand Katharina auf und hielt sich verlegen die Laute vor ihren dürren Körper. Ihre Füße waren immer nackt, auch während des kältesten Winters. Ich wunderte mich jedes Mal darüber, zumal die Wohnung der Familie Schelten aus Sparsamkeit zu keiner Zeit geheizt wurde. Wir schauten uns an, ohne ein Wort zu sagen, aber unsere Herzen klopften im selben Rhythmus. Jeder hätte das Herz des anderen hören können, hätte das seine kurz ausgesetzt.

Einmal sprach sie mich an: »Kommen Sie zu mir nach dem Unterricht?«

»Wenn ich darf? Wir könnten auch spazierengehen … jetzt … Ihre Mutter schläft.«

Sie blickte mich mit großen Augen an: »Was … raus? Unter die Leute, die mich immer anstarren … ich weiß nicht, warum?«

»Wenn wir uns unterhalten, merken Sie das nicht. *Ich* starre Sie dann an …«

Sie schaute mich ernst an. »So etwas dürfen Sie nicht leichtsinnig sagen …«

Wir gingen dann doch hinaus und liefen die rue de Martyrs entlang, eine belebte Straße mit vielen Lebensmittelgeschäften, der Schauplatz einiger Romane von Balzac. In Maupassants »Bel-Ami« schreitet der Held am Anfang diese Straße hinunter. Es scheint die Sonne, und er beneidet all die

Menschen, die draußen sitzen und Bier trinken. Er schielt auf das Trinkgeld, das auf den Tischen zurückgelassen wurde. Am liebsten würde er es unauffällig einstecken, so miserabel ist er dran.

Es war Winter, als ich mit Katharina durch die Stadt spazierte, niemand saß draußen, es standen nicht einmal Tische und Stühle vor den Cafés. Ich stieg neben Katharina von der Place Pigalle die langen Treppen zum Montmartre hinauf. Oben steht, ganz in Weiß, Sacré-Cœur. Wir machten halt auf der Terrasse, von der man über die ganze Stadt sehen kann.

»Ich weiß nicht, was ich machen soll, was aus mir wird …«, sagte Katharina.

Das Panorama von Paris erinnerte sie daran, daß man ins Leben hinaus muß. »Manchmal wünsche ich mir eine schwere Krankheit … so etwas wie Tuberkulose, und dann wird man sich um mich sorgen müssen. Und ich brauche nicht mehr über die Zukunft nachzudenken!« Sie zitterte ein wenig. Wie immer war sie viel zu leicht angezogen.

Ich wollte ihr schwarzes Haar berühren und daran ziehen. Aber ich streifte nur ihre Hand mit meiner Handkante. Erst sagte sie nichts, ließ es einfach geschehen. Ich streichelte sanft über ihre dünnen Finger. Nach einer Weile entgegnete sie, den Blick in die Ferne gerichtet: »Wissen Sie, daß ich gar nichts spüre. Ich meine, was Sie jetzt tun, merke ich wohl, aber ich spüre nichts. Neulich gab mir Noël, mein geliebter Bruder, eine Ohrfeige … Ich hatte ihn darum gebeten … und ich habe absolut nichts gespürt … Ich weiß nicht, was das ist …«

Beim Hinuntergehen legte ich vorsichtig die Hand auf ihre Schulter, als wollte ich sie führen. Sie schien abwesend wie eine Schlafwandlerin.

Als wir bei ihr zu Hause ankamen, verschwand Katharina sofort in ihrem Zimmer. Sonja wartete schon auf mich, auf dem Diwan liegend mit dem Textbüchlein vor ihren Augen. Ich stellte mich in Position und wollte meine Szene vorspielen, da sagte die Lehrerin zu mir:

»Katharina macht mir Sorgen. Sie sind ihr einziges Vorbild ... Vielleicht können Sie ihr helfen. Ich will, daß sie auch spielt, aber sie will nicht. Sie sitzt die ganze Zeit auf ihrem Bett und ist bekümmert.«

An diesem Abend durfte ich bei Familie Schelten zum Essen bleiben. Germain kam aus seinem Atelier, verträumt und die Nägel voll blauer Farbe. Er schien vergnügt, aber er sprach kein Wort. Noël saß vor dem leeren Teller und gab eine Kostprobe seiner Kunst. Mit unsichtbarem Messer schnitt er das unsichtbare Essen, kaute und trank aus einem unsichtbaren Glas. Sonja stellte das Essen auf den Tisch und rief zur Tür hinaus: »Katharina, Katharina, wir essen!« Sie erschien aber nicht. Schweigend saßen wir am Tisch, Noël, Germain, Sonja und ich, und aßen, begleitet von der Stimme Sarah Bernhards.

Katharina wurde dünner und dünner, sie war magersüchtig. Sie schrieb mir einen Liebesbrief nach unserem Spaziergang. Im Frühling darauf ist sie gestorben. Ich verließ Paris und fand ein Engagement als Regieassistent in einer deutschen Stadt.

MEINE DIBBUKS

Lieber Glaskubin,
ich schreibe dir diesen Brief in Fortsetzung unserer nächtlichen Unterhaltung. Den Rest besprechen wir ein andermal. Aber deine Bemerkung, daß ich ein genialer Menschenimitator sei, daß dies eine »spezielle Begabung« sei, auf die ich stolz sein solle, gab mir den ganzen Heimweg über zu denken. Natürlich war es schmeichelhaft für mich, die Gesellschaft um mich herum zu sehen, letzten Samstag, wie ich euch alle unterhielt, wie ich all die bekannten Freunde in ihren Details und ihren Macken aus mich herausschöpfte, mit ihrem typischen Gesichtsausdruck, ihrem Augenaufschlag (wie bei unserem Freund N.), ihren Gesten, Bewegungen und Drehungen der Fußspitze, wie ich euch hineinlockte in diese paroxystische Euphorie des Wiedererkennens … Damit kann ich glänzen.

Es war das letzte Mal, lieber Glaskubin. Ich bin nach Hause gelaufen und fühlte mich ermattet, wie nach einer Teufelsaustreibung, und ganz ehrlich: Wie du im Treppenhaus mir noch zuriefst: »Einfach genial!«, das tat weh in meinen Ohren.

Ich werde versuchen – ohne deine Geduld allzusehr zu strapazieren, hoffe ich –, dir zu erklären … nein, falsch, *mir* zu erklären, was es mit dieser Nachahmungssucht auf sich hat.

Es stimmt, ich kann – um ein Beispiel zu nennen – unseren

gemeinsamen Freund N. so gut imitieren, daß ich mich selber darüber erschrecke. Wie komme ich zu Sätzen und Formeln, die mir nie im Traum einfielen, so kompliziert und abstrakt sind sie, so förmlich und gewunden. Kluge Gedanken, das sicherlich, die ich erst während der Nachahmung verstehe … Wie kann ich in mir Frau T. nachspüren, die den Tick hat, ihre Sätze zu suchen. Wenn sie sähe, wie ich sie gerade imitiere, wie sie sich auf die Lippen beißt, während sie scheinbar abwesend mit den Worten ringt, müßte sie bei dem Anblick Schmerz empfinden.

Die Abende, die ich ab und zu gebe, um über den Monat zu kommen – die Bratwürste im »Vorderen Stern« beim Bellevue müßten mir doch reichen, sie sind die krossesten und saftigsten, die man sich vorstellen kann –, sind nur das Ergebnis einer mich früher quälenden Krankheit, ich darf es so nennen, eine in Routine gewendete Krankheit.

So wie ein Zwerg bei seiner Geburt noch nicht weiß, daß er eines Tages in der Arena des Zirkus Knie die Plastikmatten, auf denen sich gerade noch die Elefanten gewälzt haben, zusammenrollen wird, flink und mit ein paar Purzelbäumen zur Belustigung des Publikums, so ahnte ich nicht, daß ich einmal mein Leben als Imitator verbringen würde: wo ich doch wirklich als Nachahmer geboren bin und wahrscheinlich mein erster Schrei der eines anderen Babys war!

Dein Lob, Glaskubin, hat meine Nase in mein Elend gedrückt …

Während ich dir schreibe, sehe ich dich vor mir. Ich sehe deinen Ausdruck, das Runzeln deiner Stirn, und weiß genau, wie du den Brief hältst – wir sind beide Linkshänder. Ich sehe deine Verlobte aus Salzburg, wie sie dir dabei über die Schulter sieht, staunt und im Staunen gähnt.

Du könntest mir nun erwidern, könntest mich beschwichtigen, indem du mir rietest, daraus kein Problem zu machen und einfach weiterhin mein Publikum zu unterhalten. Aber ich muß damit aufhören. Der Dibbuk in der jüdischen Tradition ist ein Geist, die sündige Seele eines Toten, die in einen lebenden Menschen hineinfährt, ihn lenkt und auch verderben kann. Ich bin seit frühester Kindheit, lieber Glaskubin, bewohnt von Dibbuks, nicht nur von toten Seelen, mehr noch von lebenden. Körper und Seelen sind durch mich hindurchgewandert, haben in mir geatmet, für mich gesprochen, und wenn einer, leer und verbraucht, mich wieder verließ oder gar in mir verweste, bin ich ausgezogen, um andere zu mir zu rufen, um meine Seelenpension ja nicht unbewohnt zu lassen.

Ich bin vorhin, als ich am »Vorderen Stern« meine Bratwurst holte, zufällig am Odeon vorbeigekommen. Das alte Kaffeehaus ist heute durch eine Apotheke verlängert und dadurch amputiert worden. Das Kaffeehaus und die Apotheke bildeten zusammen den mythischen Ort, wo Lenin die Revolution vorbereitete und James Joyce Zigarre geraucht und Whisky getrunken hat. Ich glaube, die Dadaisten haben dort ihren Stammtisch geführt.

Es wäre heuchlerisch von mir, ja geradezu verlogen, wenn ich dieser Institution nachweinen würde, wie es so viele getan haben bei der Umwandlung. Die Empörung bestand völlig zu Recht, denn der abgetrennte Teil wurde zunächst in ein großes Modegeschäft verwandelt, und das war ein geradezu obszöner Gegensatz zu dem einzigartig-verkommenen und altertümlichen, ja fast wienerischen Kaffeehaus in Zürich.

Aber jetzt – verzeih mir die Ausschweifung, mein Abdriften –, jetzt steht majestätisch ein Tempel an diesem Ort, *mein* Tempel: die Apotheke Odeon. Und auch wenn etwas von einem Literaten an mir haftet, so muß ich doch zugeben, daß ich heute meine Zeit lieber in der Apotheke verbringe als im Kaffeehaus nebenan. In der Apotheke suche ich mein Glück: die tausend neuen Schlaf- und Beruhigungstabletten, Lang- und Kurzzeit-Insulin – der letzte Schrei! –, Vitamine für die Nerven und für die Unsterblichkeit. Ich sehe diese Packungen von weitem in den Regalen, dazwischen liegen die Theken aus Holz, die Kassen und hinter ihnen stehen die Apothekerinnen, die mich befremdet anschauen. Ich starre über ihre Köpfe auf die Chemie, wie ein Bibliophiler in einem zauberhaften Antiquariat.

Im Odeon saß ich vor mehr als dreißig Jahren jeden Nachmittag mit dem Dramatiker Eugène Ionesco, mein erstes bewußtes Nachahmungsmodell. Ich war sein Übersetzer bei der Inszenierung seines eigenen Stückes »Opfer der Pflicht«.

Er war ein Freund unserer Familie. Du kennst ihn von den Fotografien: Ein rundes teigiges Gesicht, große traurige, nach unten gezogene Augen, auf den Seiten glattes, strähniges schwarzes Haar, das sich manchmal, einzeln oder in Büschen, sträubte. Zwei dicke runde Backen, als hätte er zwei große Orangen im Mund. Ja, er sah aus wie ein Clown, es fehlte nur noch die Schminke, um ihm die Tränen unter die Augen zu malen.

Er sprach, wie er schrieb – in Rätseln: »Der erste Bandit, den ich traf, hatte nur ein Auge, der zweite zwei Augen, wieviel Augen hatte der dritte Bandit?« fragte er mich, und er sagte es wie: »Bringen Sie mir noch ein Glas Wein und dazu einen Whisky.«

»Hier ist der Kaffee, das ist Tee«, wie es in der »Kahlen

Sängerin« heißt – das war seine kindliche Art zu sprechen. Er formulierte sehr einfach, aber die Wahl der Worte, der Augenblick ihrer Erfindung, der Rhythmus der Sätze und ihre Melodie – das war seine Metaphysik. Und für mich die wirkliche Faszination, die von ihm ausging. Er sprach nicht schnell, mit vielen »und« zwischen den Wörtern. Er schaute mit seinen großen Augen in die Welt und prophezeite Unglück, Verzweiflung und die kommunistische Weltrevolution.

Ionesco saß im Odeon mit einem Glas Fendant, und nach dem ersten Schluck schossen ihm Schweißperlen auf die Stirn. Nach dem zweiten Glas sprach er den bärtigen Mann am Nachbartisch an: »Sie sitzen im Café Odeon, vielleicht weil hier schon Lenin gesessen hat, und wollen aussehen wie Fidel Castro. Aber Zürich wird nicht kommunistisch! Niemals!«

Auf der Bühne, wo er sein Stück einstudierte, sagte er: »Ich brauche eine *Versenkung*!« Man baute sie ihm – eine Art Kasten, den man sogar abschließen konnte. Als dieser eines Morgens verschlossen war, fragte Ionesco bestürzt: »Wo ist meine Versenkung? Wer hat sie weggenommen!«

Der Theaterdirektor antwortete: »Man muß sie nur wieder aufmachen, Herr Ionesco.«

»Nein, sie ist nicht mehr da. Gestern war sie noch da, jetzt nicht mehr.«

Er nahm seinen Hut und ging.

Ich sollte ihn zurückholen, die Versenkung war inzwischen geöffnet worden. Ionesco schaute mich an wie ein zehnjähriger Bub: »Idiot, ich wollte nicht proben! Komm, wir gehen einen trinken.« Es war gerade elf Uhr morgens, aber da ich ihn bewunderte, trank ich mit ihm von morgens bis abends. Bis ich nichts mehr sehen konnte und nichts mehr denken und sagen, was ich nicht aus seiner Art zu sein heraussog. Der kleine Ionesco begleitete in Zürich den großen Ionesco, verstehst du, Glaskubin?

Wenn ich mich nicht in seinem Schatten aufhielt, sprach ich trotzdem wie er – sein Duktus war in meine Gesichtsmuskeln übergegangen. Ich trug die gleichen Rollkragenpullover wie er, und wenn ich in der Stadt spazierenging, dachte ich: *Ich bin er*, und die Leute werden mich begrüßen mit: »Guten Tag, Eugène Ionesco!«

Beim Essen, beim Trinken, wenn ich meine Hand auf die meiner Freundin legte: Immerzu und überall fühlte ich mich wie der Gründer des absurden Theaters. Übrigens, seine Frau, Rodica Burileanu, sah ihm ebenfalls ähnlich – die gleiche Figur, das gleiche Gesicht, als wäre sie seine Zwillingsschwester. Sie sprach auch wie Eugène, abgesehen von ihrem gebrochenen Akzent.

Einmal – lieber Glaskubin, verzeih mir, in der Not extrapoliere ich wieder – saßen wir zu dritt in der »Kronenhalle«. Sie blickte auf den Fisch auf ihrem Teller, verzog das Gesicht und sagte: »Dieser Fisch stinkt aber, der ist faul! Eugène, ißt du ihn bitte für mich?« Schließlich habe ich ihn gegessen – damals wäre ich für Ionesco sogar gestorben!

Irgendwann ging meine Ionesco-Zeit zu Ende. Meine Schauspiellehrerin in Paris, die die Darstellerin in vielen seiner Stücke war, sagte mir einmal nach dem Unterricht: »Wissen Sie, daß Sie Ionesco imitieren? Alles an Ihnen ist von ihm, ich habe das schreckliche Gefühl, er sitzt vor mir, dabei sind Sie es!«

Die Zeit der Rekonvaleszenz war schwierig. Ich mußte mich sozusagen ausziehen, mir die Haut vom Leib reißen, verstehst du? Es half, daß ich Ionesco seltener sah, seine Gebärden verschwanden allmählich aus meinen Knochen. Langsam fand ich das, was ich für *mich* hielt, wieder. Aber diese geliehene Identität auf Entzug suchte nach neuer Nahrung, nach jemandem, der mein Rückgrat stärken sollte.

Und er kam! Ich besuchte in dieser Zeit die internationale Theater-Universität von Paris. Es war die große Zeit der Argentinier. Das Theater war, inspiriert durch Antonin Artaud, auf der Suche nach Archaik. Ein paar argentinische Regisseure beschwörten und inszenierten ihr »wildes Theater«, ein Theater der Rhythmen und Laute, der Anti-Psychologie und der Zeichen. Ich lernte einen dieser Adepten kennen: Jorge Lavelli. Wenn er vor seinen Schauspielern saß, schwieg er. Durch seine dunkel gefärbte Brille verfolgte er das Geschehen auf der Bühne und zog tief an seiner Zigarette. Manchmal stand er lautlos auf und flüsterte vorne an der Rampe, begleitet von einer zeitlupenhaften Geste. Alles, was er sagte und tat, geschah ruhig und auf seine Weise magisch. Seine frühen Inszenierungen waren wie von einem anderen Planeten, die Menschen auf der Bühne bewegten sich grazil und tänzerisch. Die Texte ließ er skandieren. Es war überzeugend, und es war anziehend.

Ich brauche dir nicht zu erklären, daß auch ich von ihm angezogen wurde, so stark, daß ich, als ich anfing zu inszenieren, meine Anweisungen mit spanischem Akzent gab (und das, obwohl ich so gut wie kein Spanisch sprach). Ich gewöhnte mir seinen kontemplativen Gesichtsausdruck an, ja, wenn ich mich recht erinnere, schmierte ich mir sogar Brillantine ins Haar, damit meine Frisur aussah wie seine.

In dieser Zeit jedenfalls lernte ich den Beruf des Regisseurs, und ich denke, Imitation ist ein legitimer Weg. Auch später war es so, daß jeder Regisseur, der mir ein Vorbild war, als Ganzes in mir lebte.

Ich kannte mehrere Dichter, die wie lebendige Dibbuks von mir Besitz nahmen: Der eine blickte lange versonnen in die Gegend und sagte Dinge, die ich wörtlich übernahm. Auch seine ruhigen Bewegungen, ja, seine mir absolut entgegengesetzte Bewegungslosigkeit wurden meins. Der einzige Unterschied war, daß ich nichts geschrieben hatte und mein Hirn ein bißchen anders geformt war. Seine Stimme machte meine leise und bedächtig. Ich suchte wie er nach Worten, die ich wie er halb verschluckte und anschließend korrigierte. Noch heute spüre ich einige Zeichen an mir. Zum Beispiel übernehme ich nicht ungern sein Wort »freilich«.

Bei einem Freund imitierte ich das Lachen – weil es mir schien, daß es in bestimmten Augenblicken kein besseres für mich gab, weil ich mich darin richtig fühlte. Er war ein junger Physiker aus Basel. Auch sein Zynismus ging zeitweise in mich über. Aber als ich mit ihm nicht mehr verkehrte, war er schnell wieder verschwunden.

Mein lieber Glaskubin, ich will dich nicht langweilen. Daß wir aus anderen Menschen zusammengesetzt sind, ist ja wohl kein Geheimnis. In der eigenen Familie ertragen wir diese Ähnlichkeiten nicht so leicht, dabei sind sie genetisch und unvermeidbar.

Die Unruhe, die Anfälligkeit für Stimmungswechsel und die Schlaflosigkeit meiner Mutter stecken auch in mir tief drinnen. Während sie in ihrem Haus in Istanbul nervös und ziellos von einem Zimmer ins andere geht, stehe ich in Wien jäh vom Mittagstisch auf und setze mich sofort wieder hin. Von einem Moment auf den anderen verstößt sie eine Freundin und sagt: »Es mußte einmal sein!«, wie ich mit meinen Freunden, lieber Glaskubin, du hast es am eigenen Leib erfahren.

Ein Teil meines Vaters bin ich: Seine plötzliche Bewegung, mit der er den Zeigefinger, einen Kreis bildend, auf den Daumen drückte, wenn er einem etwas erklärte. Wie er mit der Hand über den Kopf strich, an jener Stelle, wo die kahle Stirn ins Gesicht übergeht, wenn er in Gedanken war oder von einem Gedanken zum nächsten sprang – eher ein leichtes Klatschen als ein selbstverliebtes Streicheln.

Und schließlich: Im Älterwerden sehe ich mich wie Scarpi, meinen Großvater. Die alten Damen hatten ihn lieb. Er erzählte herrliche Geschichten, er war eine wandelnde Enzyklopädie, die voller Anekdoten steckte. Über Napoleon den Dritten, über Garibaldi, Madame Pompadour, Metternich, Sternheim, Franz Kafka, über jeden berühmten Schauspieler und jede berühmte Schauspielerin konnte er eine Begebenheit zum besten geben, die er mit einer vollendeten Pointe krönte. Er schmunzelte, wenn er fertig war, und seine Äugchen glänzten zufrieden.

Immer wenn ich etwas schreibe, sagt mir ein Schriftstellerfreund: »Ach wunderbar, du solltest Anekdoten schreiben, so wie dein Großvater.« Er weiß um meinen Nachahmungstrieb und um meine Zukunft. Darin sehe ich mich als Scarpi: In seiner dunklen Parterrewohnung in der Feldeggstraße saß er an seinem Arbeitstisch neben dem Fenster – und schlug unaufhörlich auf seine kleine Schreibmaschine, Übersetzungen aus dem Französischen und Englischen und seine Anekdoten für die Zeitschrift *Der Nebelspalter*.

Mein lieber Glaskubin, ein alter Regisseur werde ich wahrscheinlich nicht werden, also suche auch ich mir eine ebenerdige Wohnung mit einem Zimmer zum Hof mit einer Kastanie. Kinder blicken durchs Fenster hinein. Sie lachen und winken dem über seinen Mac gebeugten alten Mann mit den vielen Flecken auf seinem Anzug.

MORGEN EINES REGISSEURS

Was ist ein Lebenskünstler? Viele meiner Freunde nennen mich so. »Ach«, sagen sie mir – halb bewundernd, halb mitleidig –, »du bist halt ein Lebenskünstler.«

Oft geht dieser Zuschreibung ein Gespräch voraus, das in etwa so abläuft:

»Wo bist du?«

»Im Schwimmbad.«

»In welcher Stadt?«

»In Paris … Verzeih, nicht in Paris, in London.«

»Warum ausgerechnet London.«

»Warum London? Ich arbeite gerade hier.«

»Ach, du bist halt ein Lebenskünstler.«

Weil ich an einem freien Vormittag während einer Regiearbeit in London schwimmen gehe, gelte ich als ein Lebenskünstler.

Die Frau eines bekannten Regisseurs nannte in einem Interview auf die Frage, was für sie der Inbegriff von Lebenskunst sei, meinen Namen. Das war ihre einzige Antwort.

Die Frau irrt. Wenn sie wüßte, wie der gewöhnliche Morgen eines Regisseurs aussieht!

Ein gewöhnlicher Morgen: Ich wache auf und finde meine Brille nicht. Ohne Brille finde ich meine Hausschuhe nicht. Ich kippe das Glas Wasser um, das auf dem Nachttisch steht. Das Wasser durchnäßt das aufgeschlagene Buch, das Glas rollt kurz hin und her, bevor es auf den Boden fällt und in tausend Scherben zerspringt. Ich will einen Lappen holen, da bin ich schon in eine der Scherben getreten und blute. Ich rufe laut, obwohl ich weiß, daß niemand in der Nähe ist, und in dem Moment fällt mir ein, daß ich meinen Zucker messen muß. Ich steche mich erst gar nicht, sondern halte – halb auf dem Bett sitzend, halb liegend – den Teststreifen an den Schnitt unter meinem großen Zeh und dann in den Zuckermesser. Ich stütze mich mit dem Ellbogen ab, das verletzte Bein in die Luft gestreckt, damit das Blut nicht auf das Bettlaken tropft. Die unbequeme Lage löst einen Krampf aus, ich beiße mir auf die Lippe und strecke mich, und schon ist das Bettuch blutverschmiert. Der Zuckermesser piepst: 180 mg, zuviel Zucker! Ich kann nicht sofort frühstücken, ich muß mir vorher Insulin in den Bauch spritzen. Aber wo ist der Pen?

Ich rufe noch einmal laut durchs Haus, aber nichts rührt sich. Ich hüpfe die Treppe hinunter, zum Kühlschrank im ersten Stock. Da klingelt mein Handy. Ich hüpfe eilig wieder hinauf ins Schlafzimmer. Ich sehe den Namen meines Theaterdirektors aufleuchten und sage mir: »Nicht jetzt!«, während ich gleichzeitig die »Annehmen«-Taste drücke.

»Wie geht's unserem Lebenskünstler?«

»Kann ich Sie in einer Viertelstunde zurückrufen?«

»Schlecht. Ich probiere. Jetzt geht nicht?«

»Doch natürlich, ja, ja …«

Das Telefon am Ohr, überlege ich kurz, wie ich hierhergekommen bin, da fällt es mir wieder ein. Mein verletzter Zeh, mein Zucker, natürlich …

Ich hüpfe telefonierend die Treppe hinunter und höre mir Besetzungsvorschläge an: »Sie ist jung … hat vielleicht noch ein paar sprachliche Probleme, keine sehr großen … Aber Sie sollten sie sich auf jeden Fall mal anschauen … Ich rede nicht von Vorsprechen … einfach mal anschauen bei einer Tasse Kaffee …«

Ich öffne den Kühlschrank, das Telefon zwischen Schulter und Ohr geklemmt, hole mit der einen Hand die Butter heraus, mit der anderen den Schinken. Unter dem Gewicht meines Rückens fällt die Kühlschranktür wieder zu.

»Ich«, sagt der Intendant, »ich finde, sie ist eine tolle Begabung … eine tolle Begabung … Sie müssen sie übrigens nicht mal zu einer Tasse Kaffee treffen, ich lasse sie einfach vorbeihuschen … Ich finde einen Anlaß … Sie ist nicht zu übersehen, sie ist einen Meter neunzig groß. Sie schauen kurz über die Zeitung, und sie huscht vorbei. Das verpflichtet Sie zu nichts … und auch das Mädchen nicht, eine tolle Begabung …«

»Darf ich Sie kurz unterbrechen? Ich …«

»Aber bitte, bitte … oh, ich habe Sie gestört …«

Ich lege das Telefon neben die Butter und nehme eine Insulinspritze aus dem Kühlschrank. Ich schraube sie auf, stelle sie ein, fünfzehn Einheiten, greife wieder nach dem Telefon, klemme es mir zwischen Kopf und Schulter und höre den Intendanten, während ich mir in den Bauch spritze. »Auaa …!« Es ist immer schmerzhaft.

»Pardon?«

»Nichts … Telefonieren wir bitte später, ich muß …« Ich drücke den Intendanten weg und sinke mit schmerzverzerrtem Gesicht vor dem Kühlschrank zusammen, die Nadel hat sich in der Haut verbogen …

Der Schmerz läßt nach. Ich schaue auf die Küchenuhr: zehn Uhr und immer noch im Pyjama. Ich bestreiche zwei

Scheiben Brot dick mit Butter, lege eine Schinkenschnitte dazwischen und klappe sie aufeinander. Mit dem Teller in der Hand hüpfe ich wieder hinauf und stelle ihn auf meinen Arbeitstisch. Ich darf jetzt noch nichts essen bei der Menge Zucker. Ich muß warten.

Ich stehe vor dem Spiegel, mein Gesicht weiß vom Rasierschaum, und beginne, mit der Klinge mein Antlitz herauszuschälen. Ich schneide mich an der oberen Backe – wie kann es sein, daß ich so weit hochgeglitten bin? Es blutet. Ich überlege, wieviel Zeit seit meiner Verletzung am Zeh vergangen ist. Bestimmt dreißig Minuten! Ich könnte wieder meinen Zucker messen, ohne mich pieksen zu müssen. Ich lege den Streifen an die Backe, drücke ein wenig an der Seite, damit mehr Blut fließt. 180, wie vorhin! Ich bin hungrig, aber ich darf noch nichts essen.

Also lege ich mich wieder hin und versuche zu lesen. Plötzlich fahre ich hoch, ich muß eingeschlafen sein. Ich zittere, aha, der Zucker ist jetzt zu tief unten.

Die Sonnenstrahlen haben das Stück Brot zusammenschrumpfen lassen, die Butter ist ein glänzender See bis zum Tellerrand. Ich schließe die Augen und schiebe alles in meinen Mund. In diesem Augenblick klingelt das Handy. Ich halte es vor meine volle Backe, kaue und kaue, aber das Brot will nicht hinunter.

Ich höre wieder die Stimme des Intendanten und bin kurz davor, zu ersticken. Panisch renne ich zum Waschbecken, halte meinen Mund unter den Hahn und trinke gierig. Etwas steckt noch im Hals, ich würge. Es geht besser, ich greife nach dem Telefon … nein, es geht nicht, ein Stückchen Brot hängt in meiner Speiseröhre – oder ist es die Luftröhre? Ich huste und spucke.

Ich beschließe, mich endlich anzuziehen, das Auswählen der Garderobe wird mich ablenken. Einen geschlossenen Kragen kann ich jetzt nicht vertragen, ich entscheide mich für ein T-Shirt … Die Hose von gestern, ein wenig verknittert, aber das macht nichts. Ich sage mir: *Ich bin angezogen, es geht mir besser* … vielleicht … Was ist das? Ein Schluckauf, ausgerechnet! Ich schließe die Augen und atme tief ein und wieder aus, ein und aus …

Im Parterre höre ich Schritte. Wenn ich mit jemandem rede, vergesse ich vielleicht den Schluckauf …

»Ist da wer?« ruft es von unten.

»Ja, Fatima … – Kommen Sie hoch, Fatima.«

Fatima ist verschleiert, ich weiß nicht, wie ihre Lippen aussehen. Da fällt mir ein: der Intendant, am Telefon!

Tatsächlich, er hat nicht aufgelegt. »Na ja … Sie wissen, ich habe Geduld …«

»Das schätze ich an Ihnen.«

»Wer ist Fatima, he …?«

»Unsere Putzfrau.«

»Luc, Sie sind wirklich ein Lebenskünstler!«

»Ich …« Mein Schluckauf unterbricht mich.

»Trinken Sie Wasser«, rät mir der Intendant, »Sie kennen doch den Trick. Trinken Sie Wasser und halten Sie sich die Nase zu …«

Ich würge. »Danke! Es geht schon besser.«

Fatima zeigt auf meine blutende Backe und hebt flehend die Hände. Ich drücke den Intendanten weg und lege mich hin.

Das Stück Brot und der Schinken wohnen jetzt in meinem Hals. Ich bekomme keine Luft …

Ich rufe meine Frau an. Sie ist bei ihrer Schneiderin.

»Schön, daß du anrufst«, begrüßt sie mich. »Ich habe fürchterliche Beinschmerzen …«

»Ich ersticke«, röchele ich, »ich ersticke.«

Ich versuche, trotz Schluckauf zu sprechen. Fatima schlägt mir auf den Rücken.

»Du fährst sofort ins Krankenhaus!« höre ich meine Frau rufen.

Amerikanisches Krankenhaus, Notaufnahme. Ein Arzt aus Ghana blickt mir tief in den Hals.

»Wenn es sofort passieren soll …«

»Wie bitte …?«

»Wenn ich Ihnen jetzt eine Magen-Endoskopie mache und wir entdecken etwas – dann muß ich ohne Narkose hinein …«

»Ah ja?«

»Sonst müßten wir den Anästhesisten kommen lassen. Heute ist viel los … das kann dauern!«

»Jetzt!«

»Sie sind sicher couragiert genug!«

Ich lege mich flach auf eine Art Operationstisch. Eine Krankenschwester schnallt mir die Hände fest. Ich sehe sie mit großen Augen an.

»Es ist ein unangenehmer Eingriff … Sie könnten uns ohne böse Absicht stören.« Sie streichelt mir über den Arm.

Ein Rohr kriecht in meinen Mund, meinen Rachen hinunter … Mir wird schwarz vor Augen.

Ich wache auf. Nicht in meinem Bett. Es ist Nacht. Ich sehe Silhouetten von Bäumen vor dem Fenster. Meine Kleider hängen im offenen Schrank. An der kahlen Wand gegenüber hängt ein Kreuz. Ich spüre ein Gewicht auf meinen Füßen. Die Beine meiner Frau, die neben mir schläft, noch in ihrem Mantel. Ich muß geschwitzt haben. Ich trinke ein Glas Wasser. Es fließt durch meine Kehle, ruhig und warm.

DER CHOREOGRAPH UND DER SCHUH

Der Choreograph, der nun Chef geworden ist, steht nicht mehr so früh auf wie einst.

Neben seinem Bett liegen überall Bücher, drei Mobiltelefone und Schachteln mit fünf verschiedenen Sorten Schlaftabletten.

Heute scheint die Sonne, alles könnte sich zu einem guten Tag fügen.

Er geht, noch im Pyjama, unschlüssig in der Küche herum, öffnet den Kühlschrank und schlägt ihn sofort wieder zu. Die Kälte, die herausströmt, ernüchtert ihn: Wie könnte er, der Chef, es ertragen, schon so früh am Morgen über sein Chefleben nachzudenken, hier in dieser Stadt, in der er Jahr für Jahr ein paar Monate verweilte, fern von seinen Freunden und seiner Familie in Marseille.

Am Abend zuvor begleitete er einige Gäste der Andalusischen Bank, die das Festival sponserte, in die Vorstellung einer brasilianischen Tanztheatergruppe.

Was mußte er sehen?

Auf dem strahlend weißen Boden glitt ein kleiner weißer Lichtpunkt hin und her, der einen halbwüchsigen brasilianischen Hip-Hop-Tänzer verfolgte, ein fünfzehnjähriges Kind aus den Vororten von Rio. Vor ihm, mit dem Rücken zu den Zuschauern, stand ein kräftiger schwarzer Tänzer, der sich synchron zu dem Jungen bewegte, als wäre er ein Magnet.

Plötzlich aber war die ganze weißglänzende Bühne gefüllt mit Körpern, die sich wie Gummistangen verdrehten und übereinanderrollten. Das alles in absoluter Stille, nur das Quietschen der Turnschuhe auf dem Plastikboden war zu hören. Der Chef zählte nach, es waren vierzehn Männer. Zum Schluß stellten sich alle vierzehn vorn an die Rampe, drehten sich plötzlich zueinander und küßten sich lange und leidenschaftlich auf den Mund. Sieben sich küssende männliche Paare, das löste im Publikum große Begeisterung aus. Sogar der Chef war überrascht.

Bevor er zum Chef der Tanzwerkstatt T 7 in Alicante ernannt wurde, hatte er seine eigene Tanztruppe. Aber seine Tänzer waren mit ihm alt geworden und übten jetzt andere Berufe aus: Lorenz zum Beispiel ist Inspizient in Darmstadt geworden. Ihm bringt das gesprochene Theater neues Glück, er liebt Reime (Schiller und Goethe, die Shakespeare-Übersetzungen von Schlegel und Tieck). Leise schlägt er während der Vorstellung den Takt der Verse auf seinem Inspizientenpult. Camille tanzt auch nicht mehr, sie lebt in einem Vorort von London mit einer Irin zusammen. Sie haben zwei Töchter adoptiert. Nur Juan, der einstige Protagonist der Truppe, tanzt noch, in Granada. Sein volles lockiges Haar bleibt unbeweglich und starr auch in den wildesten Zuckungen.

Die Tänzer sind in der ganzen Welt verstreut, und einige schreiben ihrem einstigen Chef nach Alicante. Sie erkundigen sich, ob es nicht vielleicht doch eine Chance gäbe, wieder zusammenzukommen, um einen Abend einzustudieren, etwas Neues, inspiriert von den neuen Formen der Kunst, die der Chef nun jeden Abend in Alicante sieht, aber – so ging es ihm an jenem Morgen vor dem zugeschlagenen Kühlschrank durch den Kopf – nicht mehr verstehen kann.

Es würde ihm leichter fallen, den Koran auf arabisch auswendig zu lernen als die neuen Figuren, Schritte und Rhythmen nachzuahmen.

Der Chef lud die Gäste der Andalusischen Bank nach dem Hip-Hop-Abend zum Empfang, um ihnen vorzuführen, wie er die Brasilianer willkommen hieß. Zuerst sprach er in das ausgeschaltene Mikro hinein, um ihn herum klirrten schon die Weingläser, man prostete sich zu vor dem Buffet, niemand rechnete mit einer offiziellen Begrüßung. Dann hielt er das Gerät in die Höhe wie ein Weinglas, um einen Techniker auf sich aufmerksam zu machen. Plötzlich ertönte aus den Lautsprechern seine aufgeregte Stimme: »Sauerei das … jetzt haben sie schon begonnen, das Buffet zu stürmen …«

Seine Wut aber verhalf ihm zu einer täuschend enthusiastischen Rede, in der er seine eigenen Ansichten und Überzeugungen über Bord warf und seine Arbeiten gleich mit, nur um dem Augenblick, der Mode zu huldigen. Und immer wieder rief er aus, wie wunderbar doch diese Hip-Hop-Künstler seien, die ganze Zeit so »herrlich, herrlich nahe am Boden …«

Der Chef war eifersüchtig. In seinem Gesicht spürte er einen Krampf, doch es gelang ihm, ihn als Begeisterungsschmerz zu tarnen, als würde ihm die Schönheit des Abends zu nahe gehen. Und als ihn der Neid zu ersticken drohte, schloß er mit dem Satz: »Und nun, bewegt wie ich bin, gehen mir die Worte aus …«

Während er vor dem Kühlschrank stand und voller Verachtung gegenüber sich selbst an den gestrigen Abend zurückdachte, klingelte das Handy. Es war seine Mutter. Sie schrie ins Telefon, daß die letzte Premiere in Alicante in einer deutschen Zeitung – sie lebte in Mannheim – als Desaster bezeichnet wurde und die Verfasserin sich frage, warum er, der Chef des Tanzfestivals, während der Vorstellung die ganze Zeit so zufrieden um sich geschaut hatte, während doch alle im Publikum schreckliche Grimassen zogen oder laut aufstöhnten.

Ja, insgeheim, das realisierte der Chef im Pyjama, war er schadenfroh über dieses Mißlingen, weil er diese Vorstellung als Plagiat einer seiner früheren Arbeiten erlebte. Auch er hatte einst versucht, seine Tänzer durch einen finsteren U-Bahnschacht zu jagen, und das Publikum stand auf dem Bahnsteig neben den Schienen und durfte langsam mitgehen …

Diesmal spielte das Ganze mitten auf dem zentralen Busbahnhof von Alicante, sie nannten es »Oraison funébre«, und es dauerte zwei Stunden. Auf der einen Seite der Straße standen die Zuschauer, auf der anderen, zwischen den Bussen, tanzte die Gruppe aus Toulouse. Sonst bestand kaum ein Unterschied zwischen seiner und der französischen Arbeit. Die Premierenfeier, gesponsert vom Vorstand des örtlichen Verkehrsverbundes, fand in den riesigen Hallen des Busdepots statt, und auch hier pries der Chef, ein Sektglas mit einer grün schillernden Flüssigkeit in der Hand, die Tugenden des Sponsors. Der grauhaarige Präsident des Verkehrsverbunds fragte den gealterten Choreographen, ob er gern fischen ginge.

»Auf jeden Fall«, antwortete der Chef, »fischen beruhigt ungemein.«

»Mir geht es genauso«, sagte der Präsident, »es freut mich, anderen Fischern zu begegnen …«

Wenig später verschwanden die Sponsoren mit ihren Gattinnen in der andalusischen Nacht, eine torkelte sogar.

»Du willst wahrscheinlich nicht hören«, sagte die Mutter des Chefs, »was gestern mit meinen Zähnen passiert ist.« Der Chef stellte das Telefon auf »Lautsprecher« und legte es auf den Küchentisch, während er sich einen Kaffee machte: »Es sind nicht nur die Implantate, die schmerzen, sondern die künstlichen Knochen, die man mir hineingenäht hat mit einem Stück Haut vom gesunden Gaumenteil … Ich weiß, das interessiert dich nicht, du bist ein viel zu bedeutender Mann in Spanien, daß dich so etwas wie die neuen Zähne deiner Mutter interessieren könnten, abgesehen davon, daß ich hoffe, daß dir dein Chefgehalt es erlauben wird, mir diese Operation zu finanzieren …«

Er, der Chef der Tanzwerkstatt T 7, kann sich an diesem Morgen nicht anziehen. Er fragt sich, ob er nicht einfach im Pyjama ins Büro gehen könnte, um den Respekt seiner Mitarbeiter, den er nicht mehr so zu genießen glaubt, wie er es noch vor einigen Jahren tat, ein für allemal zu begraben. Er sehnt sich nach Hohn und Spott, um sich mit dem Bild, das er von sich hat, in Übereinstimmung zu bringen.

Zum ersten Mal wird ihm klar, daß die Vergangenheit nicht festzuhalten ist, auch nicht seine Vergangenheit als Choreograph, wird ihm klar, daß selbst ihm kaum Erinnerungen geblieben sind an seine einst so begehrten Tanzkompositionen. Er hat sich angewöhnt, selbst über seine Werke sarkastisch zu lächeln, bescheiden den Kopf zu schütteln, bevor es ein anderer tut, weil er glaubt, daß sein Gegenüber es sowieso denkt. Wenn ihn einer fragt: »Haben Sie nicht ›Ignoranz 7 B‹ choreographiert« , tut er so, als müsse er erst darüber nachdenken, ob er es war. Er antwortet: »Vielleicht …« oder: »Ich weiß nicht, war ich das?« Verbittert hat er seinen Stolz begraben.

Seine engste Mitarbeiterin ist jung, und daher kennt auch sie seine Aufführungen nicht; sie respektiert den Respekt, den er in der Stadt genießt. Und wenn er sagt: »Ich würde nächstes Jahr ganz gerne mein Stück ›Oktober‹ zeigen« (es reiste noch vor drei Jahren um die Welt), wechselt sie schnell das Thema, bringt Organisationsprobleme vor, als hätte sie nicht gehört, wie gerne er seinen »Oktober« in Alicante präsentiert hätte. Der Chef schaut auf den Boden und murmelt vor sich hin.

Und an jenem Morgen, nachdem er seine zahnleidende Mutter aufgelegt hat, ruft ihn eben diese Mitarbeiterin an, um ihm zu den phänomenalen Besprechungen des Hip-Hop-Abends in der *Frankfurter Allgemeinen* und der *New York Times* zu beglückwünschen. »Gratuliere, Chef«, sagt sie, »man sieht es als Ihr Verdienst an, daß Sie der Jugend, den neuen Choreographen so viel Platz einräumen, das sei ungemein ›großzügig‹ von Ihnen, ja, dieses Wort ist gefallen.«

Für einen Moment ist er stolz. Er betrachtet sich im Spiegel und streicht mit den Händen seine Gesichtshaut glatt. Er zieht die Lippen zu einer Grimasse auseinander und ruft seinem Spiegelbild zu: »Man muß vergessen, was einmal war.«

Vielleicht ist seine Laune besser, aber darunter atmet die Traurigkeit.

Er streift unschlüssig durch seine Wohnung. Das einzige, was man mit diesem Tag noch anfangen kann: Andächtig entknäuelt er die Kopfhörerschnur seines CD-Spielers, so lange wie ein ganzer Akt von Shakespeare dauert.

Aber was wiederfuhr dem Chef der Tanzwerkstatt T 7 noch am selben Abend während der Abschlußvorstellung des Festivals?

In einem weiträumigen festlichen Saal in den Gebäuden der örtlichen Psychiatrie spielten, sangen und tanzten die Insassen ihre Lebensgeschichte – vor und nach der Einlieferung in dieses Heim. Sie trugen selbstgebastelte Kindermasken, während sie langsam auf dem sich spiegelnden Parkett zu Boden glitten, um den Augenblick ihres Sterbens darzustellen.

Der Chef verfolgte die Szene von der ersten Reihe aus. Er begann zu zittern und zu weinen, er konnte nur noch durch den Film seiner Tränen auf die Beine der Spieler schauen. Plötzlich beugte er sich nach vorne, fiel vor einem tanzenden Bein auf die Knie und tastete nach dem Ende des Beins. Leidenschaftlich küßte er die glänzende Spitze des rotlackierten Schuhs.

Die Tänzer ließen sich ihre Verwunderung nicht anmerken. Und das Publikum erkannte nicht, daß dieser Augenblick nicht zum Programm gehörte.

DEFEKTE

Glaskubin, Jan und ich sitzen in einem koreanischen Restaurant. Wir sind ganz allein im Raum, Mittag ist längst vorbei. Glaskubin holt sein Taschentuch heraus, und dann fängt er laut an zu niesen; erst einmal, dann noch mal und noch mal. »Frühlingsschnupfen«, sagt er durch die Nase in sein Taschentuch hinein.

Jan schüttelt heftig den Kopf: »Bist du verstimmt? Paßt dir irgend etwas nicht?«

Wir kommen von einer Konferenz. »Hat irgendeiner von uns etwas Falsches gesagt vorhin?«

»Nein, nein …«, antwortet Glaskubin und steckt seine Zeigefinger in seine Ohren.

»Ich habe das Gefühl, da ist immer noch Wasser drin, seit meiner Kalifornienreise. Ich höre schlecht, es blubbert hinter den Schläfen …«

Wir haben die Speisekarte noch nicht angerührt. Ich krame nach meinem Zuckermesser. Ich piekse mir in die Kuppe des Daumens, lasse einen großen Blutstropfen auf ein dünnes Plättchen tropfen, starre auf die Anzeige – es dauert zehn Sekunden – und warte, ob mein Zucker in die Höhe steigt oder hinunterstürzt.

»Alles in Ordnung?« fragt Glaskubin, die Augen gerötet und voller Tränen von seinem Frühlingsschnupfen.

»Ach …«, sage ich.

»Du hast dich aufgeregt«, meint Jan, »und deswegen sind deine Werte gestiegen.«

Ich sehe, daß an Glaskubins Nase etwas Braunes klebt.

»Glaskubin … da, an deiner Nase … da hast du …«

»Wo?« Er reibt mit seiner Serviette hektisch unter der Nase hin und her.

Das Ding hängt immer noch da, es will nicht weg. Soll ich es Glaskubin sagen?

»Glaskubin …?«

»Ja, ist es noch nicht weg?«

»Nein, es klebt da immer noch, es ist zwar winzig, aber … man sieht's …«

Jan fühlt sich ausgeschlossen und beklagt sich, daß er keine Zeit fand, sich gegen die bevorstehende Grippe impfen zu lassen. »Alle haben es getan …« Und dann sagt er: »Aber ich glaube sowieso nicht, daß es etwas bringt …«

Jan ist unser Chef, wir hören auf ihn um so mehr, je mehr er verschnupft und sein Hals belegt ist. Dann spricht er leiser.

Ich steche mich mit meinem Insulinpen in den Bauch. Alle können es sehen, und alle schauen weg. Ich beiße mir auf die Lippe, bei jedem Stich wird die Haut empfindlicher und schmerzt mehr.

»Da, mein Taschentuch«, sagt Glaskubin.

»Warum?« frage ich.

»Du blutest … hier«, er zeigt auf meinen Mund.

Jetzt spüre ich das warme Blut auf meiner Zunge, ich habe mich in die Lippe gebissen. Ich habe die Lesebrille aufgesetzt, um den Pen einzustellen, und jetzt stelle ich fest, daß sich Glaskubin noch lange hätte die Nase reiben können. Das schwarze Etwas ist ein Haar, das ihm aus dem Nasenloch wächst. Man müßte es abschneiden …

»Viel grünen Tee«, sagt Jan zu dem wartenden Kellner, »grüner Tee soll gut gegen Erkältung sein.«

Wir, seine beiden Untergebenen, nicken andächtig. Viel Tee, finden wir, das täte unserem Chef gut. Das wäre sicher gut gegen seine Erschöpfung. Mit seinem krebsroten Kopf sieht er gar nicht gesund aus.

Wir essen schweigsam und hochkonzentriert.

Jeder von uns ist mit sich selbst, mit seinen körperlichen Funktionen beschäftigt, das Essen schmecken wir nicht.

FERENC UND SEIN STERNZEICHEN

1.

Ferenc schläft noch. Ein Verband bedeckt seinen Bauch, den sie wieder zugenäht haben. Die Narbe zieht sich vom unteren Teil der Brust bis zu den Leisten, sie erinnert an den nicht ganz geschlossenen Schlitz eines Theatervorhangs.

Ferenc' Schlaf ist nicht tief, doch er träumt. Er träumt, daß er an einer unheilbaren Krankheit leidet. Ein rundlicher Professor mit roten Backen betrachtet mit ihm einen von innen beleuchteten Globus, tippt darauf und läßt ihn drehen. »Sie könnten überall hin, da ... und da ... Kamerun, Patagonien, Jamaika ... Wenn ich Sie wäre, ich würde die Welt sehen wollen. Sie haben noch genug Zeit, sie zu bereisen ...«

Ferenc träumt, daß er von seinem Sternzeichen aus, dem Krebs, auf die Erde blickt – er sitzt auf dem Tier, dem links und rechts Flügel gewachsen sind, und blickt von weit oben hinunter auf die gepriesenen Länder. Er hält sich an dem rauhen, nach Algen riechenden Rücken fest, es ist nicht einfach, im Gleichgewicht zu bleiben.

Als Ferenc aufwacht, spürt er, daß sich seine Hand wärmer anfühlt. Sie liegt in den Händen seiner Mutter. Leise hat sich diese ins Zimmer geschlichen und auf das Krankenbett gesetzt, in dem ihr Sohn liegt.

»Wir warten auf den Professor«, sagt sie, wie vorbereitet.

Ferenc lächelt matt, und das Verziehen der Lippenecken

jagt ein Brennen in seinen Bauch, das stärker und stärker wird, während er die Lippen spannt.

Draußen im Hof hört man die Kinder von der Schule nebenan.

Die Krankenschwester erscheint in der Tür, sie trägt ein großes silbernes Kreuz auf der Brust, und jetzt nimmt Ferenc auch die Christusfigur wahr, in Holz an die kahle Wand genagelt.

Die Tür ist offen geblieben, und umringt von seinen fünf Assistenten und zwei weiteren Krankenschwestern stürmt der Professor herein – eben jener Professor, den Ferenc im Traum gesehen hatte.

Der Professor schüttelt der Mutter die Hand und fährt mit den Fingern über Ferenc' verbundenen Bauch.

»Wir haben alles entfernt, junger Mann. In drei Wochen können Sie wieder ... vielleicht nicht springen, aber sicher ganz normal laufen.«

»Was ist es?«

Der Professor schaut die Mutter fragend an. Sie nickt unmerklich.

»Eine ... Veränderung.«

Ferenc runzelt die Stirn.

»Heute sagen wir zu diesen Erscheinungen ... Veränderung.«

Ferenc ist nicht erschüttert, der Traum hat ihm die Nachricht bereits gebracht.

2.

Am Tag darauf läßt sich Ferenc einen Stapel medizinischer Zeitschriften bringen. Zusammen mit der Mutter studiert er die neuesten Erkenntnisse der Wissenschaft über diese Art von »Veränderung«. Er liest das Wort, das Monster bedeutet.

Und das Monster, liest er weiter, entwickle sich aus einem im Mutterleib angelegten, aber nicht ausgebildeten Zwilling. Es amüsiert ihn, daß zu den Berufsgruppen, die vor allem davon betroffen sind, Schornsteinfeger und Bäcker gehören.

Mein lieber Bruder, denkt Ferenc. Er wächst in mir an verschiedensten Stellen, auf der Lunge, am Rückgrat, in den Nieren. Überall in seinem Körper wächst ein anderes Organ von Ferenc' ungeborenem Zwillingsbruder.

Als er allein ist, schaut Ferenc an die Zimmerdecke. Sie ist weiß und in den Ecken schmutzig. Er zählt die Flecken und studiert sie. Er fragt sich, was es bedeutet, daß ihm sein möglicher Bruder entfernt wurde. Er fürchtet sich, aber nicht sehr. Er fühlt sich schuldig, seine Augen bleiben an den Flecken an der weißen Zimmerdecke haften.

Am Spätnachmittag erscheint ein mageres Mädchen in einem hellen, verknitterten Mantel: Leonie, seine Verlobte, Sängerin von Beruf. Ferenc sieht zuerst nur ihr Gesicht. Er stört sich an der dick aufgetragenen Schminke. Anstatt ihr zu sagen, was ihm mißfällt, winkt er sie weg. Sie versteht die Bewegung als ihr Gegenteil und kommt näher.

Ferenc dreht seinen Kopf zur Wand.

Er flüstert: »Geh! Für immer! Du bist ein Teil meines gesunden Lebens gewesen, die Krankheit ist eine andere Zeit. Da paßt du nicht hinein. Mit dir werde ich nicht gesund.«

Sie versteht seine Sprache nicht, versteht nicht die Art, wie er sich über ihr Zusammensein ausdrückt. Mitten im Zimmer ist sie stehengeblieben, Ferenc hört das Klappern ihrer Schuhe nicht mehr. Aber er hört, wie sie zittert. Sie weint. Es bereitet ihm Vergnügen, ein wenig Gewalt aus sich hervorzulocken in seiner schwachen Lage.

»Geh, ich will es so. Vor einem Monat ist unsere Katze gestorben. Ich weiß jetzt, daß sie unsere Unvereinbarkeit gespürt hat. In dem Augenblick, als ich sie entdeckt habe, neben ihren Milchnapf gestreckt, wurde es mir klar.«

Dann erscheint die Mutter wieder. Sie räumt den Kühlschrank voll, Säfte, eine Pastete und eine Flasche Rotwein. Keinen Moment schaut sie Leonie an. Als wäre die gar nicht da.

Ferenc blickt auf die Uhr: fünf Uhr nachmittags. Er tut so, als würde er einschlafen. Er hört Leonies Stimme: »Kann ich dir helfen?«

»Ach, du bist da«, hört er die Mutter antworten. »Seit wann bist du in der Stadt?«

»Ich habe den Nachtzug genommen, seit heute früh bin ich hier.«

»Und wie lange?« fragt Ferenc' Mutter betont beiläufig. Während sie sich umständlich aufrichtet, will ihr Leonie unter die Arme greifen. Doch die Mutter des Kranken entzieht sich.

Jetzt flüstern sie sich etwas zu. Ferenc fällt, ohne es zu wollen, in den Schlaf. Und wie so oft in letzter Zeit, setzt sich das, was geschieht, in seinem Traum fort. Er träumt, daß sich die beiden Frauen über seine Überlebenschancen unterhalten. Die eine ist der Überzeugung, daß Ferenc die Krankheit besiegen wird, die andere nicht. Doch so deutlich sagt das keine, es bleibt bei Anspielungen. Die schlechte Nachricht springt von der einen auf die andere über, die gute ebenso – so daß er sich nie sicher sein kann, ob es gerade die Verlobte oder die Mutter ist, die seinem Tod entgegensieht. Sein Verdacht fällt auf beide.

Ferenc wacht auf, das Zimmer ist leer. Ein halbes Dutzend Blumensträuße stehen um sein Bett, vor allem weiße und rote Rosen. Der süße Geruch ist ihm unerträglich und mischt sich mit dem Schmerz.

Ferenc kennt inzwischen jeden Fleck auf der Decke und gibt ihnen Namen. Auch der Tisch, die Stühle, die Glühbirne, alle Gegenstände im Raum werden getauft. Sie stellen die Menschen dar, die ihm etwas bedeutet haben in seinem Leben bis auf den heutigen Tag.

Es passiert ihm, daß er an den Tod denkt, ohne Furcht, beinahe gleichgültig. Es passiert ihm auch, daß ihn ein Freund anruft und danach fragt. »Wie fühlt man sich so, wenn man weiß, daß man bald sterben wird?« Ferenc malt es sich aus: die neugewonnene Zuneigung, die ein Todkranker erfährt, aber auch die Verwunderung und die leichte Enttäuschung, wenn dieser Mensch gegen alle Wahrscheinlichkeit überlebt. Das gibt ihm den Ansporn, weiterzuleben.

Es ist dies die erste Phase seiner Krankheit. Drei Wochen verbringt Ferenc jetzt schon im Krankenhaus. Er spaziert durch die weißen Flure und zieht ein Gestell mit sich, an dem zwei Flaschen hängen, die durch Schläuche mit seinem Körper verbunden sind. Er macht sich Freunde unter den Patienten, eine ältere Gräfin und ein Professor für Hebräistik an der Heidelberger Universität. Seine Schüler besuchen den Professor, und er hält sein Seminar am Ende des Flurs, wo sie alle um einen kleinen runden Tisch sitzen. Meistens spricht er über die ewigkeitlose Welt. Wie Ferenc empfindet er Glück im Ausnahmezustand, und wenn nicht gerade Glück, dann auf jeden Fall Euphorie.

Die Gräfin legt Patiencen, als entstamme sie einem russischen Roman. Im Raucherzimmer sitzen auch ein paar Lungenkranke, sie spucken, rauchen und husten. Eine kleine Dame sitzt Ellbogen an Ellbogen mit ihrem Mann, und jedesmal wenn er sich mit größter Anstrengung eine Zigarette zwischen die Lippen schiebt, hat die Gattin schon ihr Feuerzeug gezückt und hält es an die Zigarette, so lange bis sie auch richtig glimmt. Der Mann ringt nach Luft zwischen den Zügen. Ein Liebesbeweis der Frau und ein Ausdruck von Mordlust, denkt Ferenc.

Ferenc befiehlt seiner Mutter, die junge Sängerin abzufangen, bevor sie sein Zimmer betreten kann. Er will seine Vergangenheit hinrichten, um zu genesen.

3.

Die Monate kommen und gehen, der Herbst wird vom Winter eingeholt. Die Kinderrufe im Hof werden seltener, die Schüler verbringen die Pause in der Schule. Die lange Narbe brennt nicht mehr, sie kitzelt nur noch. Ferenc beobachtet vom Bett aus die Schneeflocken, die durch das offene Fenster fliegen. Die Nacht zuvor konnte Ferenc nicht schlafen, eine Vorstellung hat die Oberhand über ihn bekommen – die Vorstellung, die Krankheit sei eine Strafe.

Nicht etwa die Strafe für einen oder mehrere Fehler, die er in seinem Leben begangen haben mochte; sondern die Strafe für den Fehler, in einem Körper sein zu wollen, in seinem eigenen Körper.

Die Seele bräuchte sich gar nicht hinter einem Körper zu verbergen, sie könnte doch frei herumziehen. Der Körper –

und dies war es, was ihn so quälte – ist nichts als ein Gefäß, das die Empfindung, das Dasein verfälscht. Keine Bewegung, kein Ausdruck entspricht den in der Seele erlebten, von der Seele gedachten Dingen. Die Seele muß frei sein, frei sein in allem. Bei der geringsten Störung dieser Freiheit entstehen Krankheiten. Und er, Ferenc, hatte schon als junger Mann diese Freiheit aufs Spiel gesetzt, hatte seinem Instinkt Gewalt angetan, deswegen wird er jetzt dafür bestraft.

Um die Zwangsgedanken zu verscheuchen, richtet sich Ferenc auf. In der Vertikalen verschwinden Seelenqualen, von denen man sich liegend nicht befreien kann. Die Körperlage bestimmt unser Sinnieren und unsere Tagträume. Wenn man im Bett auf der einen Seite liegt und man sich auf die andere Seite dreht, kann man den Gedanken, den man gerade hat, nicht festhalten – auch das hat der Kranke entdeckt. Ferenc sitzt im Bett und sieht den Schneeflocken nach.

4.

Am Abend vor seiner Entlassung erscheint an seinem Bett ein großgewachsener junger Mann in einem weißen Hemd. Er stellt sich vor: Doktor M. Die Gesundheit, die er ausstrahlt, läßt ihn leicht überheblich sprechen, wie es viele junge Ärzte tun. In jedem Augenblick demonstrieren sie einem den Unterschied zwischen einem Kranken und einem Gesunden. Doktor M. schaut auf Ferenc herab, nicht nur wegen seiner Größe, sondern weil er mehr über den Zustand des Kranken weiß als dieser selbst, und die Befriedigung darüber ist in jeder seiner Regungen zu spüren.

Er, der im gleichen Alter ist wie der Kranke, sagt zu diesem »junger Mann«.

Ferenc möchte seine Antipathie zum Ausdruck bringen,

aber er weiß, daß dies nicht ratsam ist, der Arzt würde dadurch noch herablassender. Also entscheidet er sich dafür, eine Jammerfigur abzugeben.

»Junger Mann, wenn Sie glauben, daß Ihre Entlassung aus diesem Krankenhaus Ihre Genesung bedeutet, dann irren Sie sich gewaltig! Im Gegenteil, es ist erst der Anfang Ihrer Krankheit. Bitte verzeihen Sie mir meine Offenheit. Lieber sagen wir die Dinge, wie sie sind, das dürfen Sie uns nicht verübeln.«

Während er spricht, läßt der Arzt seine Augen im Zimmer schweifen, als würde er durch die wenigen Gegenstände, die herumliegen, etwas mehr über den Patienten erfahren. Dann sieht er Ferenc mit einem strahlenden Lächeln ins Gesicht. Sein Rasierwasser duftet herb und frisch.

Ferenc' Fragen nach der Art der Behandlung begegnet der Arzt mit Ungeduld, er schaut auf die Uhr: »Das erfahren Sie alles nach und nach … Eins kann ich Ihnen verraten: Sie bekommen vorne und hinten rote Markierungen. Wir müssen die Felder millimetergenau zeichnen, das dauert den ganzen Tag. Es ist eine Kunst, Sie selber sehen dann aus wie ein Kunstobjekt …«

Ferenc lacht, aber diesen Moment konfisziert ihm der Gesunde sogleich: »Sie dürfen dann zwei Monate lang nicht baden und nicht duschen, damit die Zeichnungen intakt bleiben. Auf diese Felder auf dem Bauch und der Brust, auf dem Hals und auf Ihrem Rücken bekommen Sie jeden Tag, einmal vorne, einmal hinten, Kobalt gestrahlt. Wenn es vorne passiert, erbrechen Sie sich, und wenn wir hinten angreifen, dann … scheißen Sie.«

Der Radiologe streckt leutselig seine Hand aus und sagt: »Auf bald!«

Ferenc ringt sich zu der Frage durch, ob dieses Unternehmen zu einem Erfolg, zu seiner Genesung führen wird.

Im Türrahmen stehend, antwortet der Arzt, wie ein Kriegsstratege seinem Befehlshaber:

»Wir bombardieren erst mal!«

Daß seines Körpers und des nicht geborenen Bruders wegen so komplizierte Verfahren zur Anwendung kommen, lenkt Ferenc von der Bedrohung ab. Er freut sich auf all die Apparate, die sich auf ihn richten werden.

Man legt ihn in einen weißen Tunnel, der gerade erst in Betrieb gesetzt worden ist. In der großen Röhre dreht sich ein Ring um den Patienten und sendet zentimeterweise den Querschnitt seines Körpers auf einen Bildschirm. Während Ferenc darin liegt, stellt er sich vor, daß er in einer Raumkapsel durch das All schwebt.

Schon vor seiner Operation war Ferenc' Seltsames geschehen: Man hatte ihm in die zwei Fußriste zwei Löcher geschnitten und zwei dünne Schläuche hineingesteckt, durch die eine gelbe Flüssigkeit gespritzt wurde. Sie sollte all die Organe, an denen sich sein Zwillingsbruder in kleinen Partikeln festkrallte, zum Leuchten bringen.

Alles tritt ein, was der junge Arzt Ferenc prophezeit hat, alles und noch viel mehr. Draußen hat es gefroren. Die Stadt ist wie aus Eis, die Räume des Spitals sind warm. Unter dem Kobaltauge schläft Ferenc ein, weil er bis in den frühen Morgen unterwegs ist. Er geht tanzen, er tanzt allein oder mit verschiedenen Mädchen, die er vorher über seinen »Fall« aufklärt, in der Hoffnung, durch Mitleid ihre Zuneigung zu gewinnen. Er sagt: »Wir dürfen uns nicht verlieben, weil ich bald sterben werde …« Wie er dies sagt, spürt Ferenc insgeheim, ohne es wirklich zu denken, daß sein Bruder vor ihm sterben wird.

Dieser ungeborene Bruder – wie hätte er wohl ausgesehen? Im Grunde wie ich, denkt Ferenc, wir sind eineiig … also wie ich. Wie unterscheidet man Zwillinge? Er kannte einmal Zwillingsbuben, Adrian und Clemens, und er wußte nie, welcher welcher war. Bis eines Tages einer von beiden Ferenc darauf hinwies, daß er, Adrian, unter der Nase einen kleinen Fleck habe – Adrian mit Fleck, Clemens ohne. Es half nichts: Er verwechselte sie weiterhin, er konnte sich nicht merken, wem der Nasenfleck gehörte, Adrian oder Clemens.

Ein anderer Gedanke bemächtigt sich seiner: Die Seele dieses zerstückelten, aber zum Teil lebenden Wesens, das in ihm wuchert, konnte längst schon Herr über ihn sein. All jene plötzlichen Meinungs- und Stimmungswechsel seit seiner Kindheit, seine schwankende, immer labile Persönlichkeit – immer war er ein Rätsel gewesen für seine Umgebung und für sich selbst. Vielleicht, denkt er, hatte sich der Ungeborene längst in seinem Gehirn eingenistet – und konnte Ferenc in bestimmten Momenten ganz und gar bestimmen. Vielleicht entstehen etwa Schwindelgefühle dann, wenn sein Zwillingsbruder gegen seinen Rhythmus atmet. Bruder Dibbuk!

5.

Irgendwann im Lauf seiner Krankheit freundet sich Ferenc mit einem älteren Reporter an, der seine Sätze beginnt mit den Worten: »Das muß ich dir erzählen …« Paul Fried, so sein Name, wohnt in einem Häuschen am Stadtrand zusammen mit seiner dreißig Jahre jüngeren Frau. Jedesmal, wenn Ferenc Paul besucht, entdeckt er die Spuren der Frau: im Wohnzimmer ein schottisches Plaid, über die Stuhllehne gehängt, rosarote Turnschuhe im Flur, die daliegen, als wäre gerade jemand aus ihnen herausgeschlüpft, auf dem Küchentisch fünf Lippenstifte in verschiedenen Rottönen. Auf dem Teppich entdeckt er eine Haarbürste, von dunklem Haar verfilzt.

Aber Pauls Frau sieht er nie, nur Pauls jungen Boxer, der ihn jedesmal freudig anspringt.

»Sie ist in der Universität«, sagt Paul, »sie kommt immer erst spät in der Nacht ... meine Prinzessin!« Bei diesem Wort zeigt Paul seine Zungenspitze, ganz kurz. Während ihrer gemeinsamen Spaziergänge spricht Paul von nichts anderem als von ihr. Sie heißt Karoline, aber er sagt immer nur: meine Prinzessin.

In der Radiologie, unter dem Kobalt, träumt Ferenc von der Prinzessin.

Zwei Monate nach dem Beginn der Behandlung lädt Paul Ferenc zu einer Reise ein. Ein alter Palast, eine Oase mitten in der Sahara, südlich von Tunesien, das sei ein idealer Ort, um sich ein wenig auszuruhen. Ferenc zögert, er schreckt vor der »geträumten Weltreise« zurück.

»Wir bleiben einfach dort«, versucht Paul ihn zu überzeugen, »da ist nichts, nur die Sahara und Palmen, jetzt ist es dort angenehm warm, nicht heiß.«

Insgeheim hofft der Kranke, daß Paul seine Prinzessin mitnimmt. Er hofft es so inständig, daß er sich nicht traut, seinen Freund danach zu fragen – er hat Angst, Paul könnte Verdacht schöpfen. Ich habe nichts zu verlieren, denkt Ferenc und stimmt der Reise zu. Welche Enttäuschung, als Ferenc zur verabredeten Stunde Paul ganz alleine am Schalter von Tunis-Air antrifft!

Während des ganzen Flugs über das Meer schläft Ferenc. Er träumt von seiner Krankheit. Im Traum spricht er zu ihr, weil sie doch etwas Menschliches hat. Ferenc fühlt sich bewohnt von einem Dibbuk, obwohl sein Bruder sicher kein böser Geist geworden wäre. Er sieht jetzt jedes Organ seines Körpers in den schillerndsten Farben, wie ihn der Computertomograph gesehen hat. Das Rauschen der Turbinen verwandelt sich in das Brummen der medizinischen Röhren. Da erscheint eine junge Frau in rosa Turnschuhen, sie stellt ihre Füße auf seine, drückt ihren Bauch auf den seinen, so daß der Zwillingsbruder seinen Wohnort verlassen kann und in ihren Leib übertritt … Es ist Karoline, jene Frau, die er niemals gesehen hat.

Ferenc und Paul bleiben ein paar Tage im Oasenpalast. Den Tag über sitzt Ferenc unter Palmen, und all die Dinge, die ihm Freude bereiten, erlebt er wie zum letzen Mal. Zum letzten Mal der makellose Himmel, zum letzten Mal »Die Kartause von Parma«, zum letzten Mal die Sternschnuppen, die ihm den Weg in die Ewigkeit weisen.

Auf dem großen Markt von Nefta schauen die Kamele auf ihre Käufer herab. Ferenc hat sich eine schwarzweiß gestreifte Djelaba ausgesucht und einen blauen Tuaregturban. Er tritt beiseite und verkleidet sich. Dank seiner Hautfarbe und seines semitischen Gesichts ist er von den Einheimischen nicht zu unterscheiden. Er wünscht sich, daß der Wechsel seiner Identität ihm ein wenig bei der Genesung hilft.

Am Abend sitzen die beiden Freunde im Restaurant, das über der Wüste emporragt, und trinken einen kühlen starken Rosé. Sie trinken und trinken, die anderen Gäste beginnen sich umzusehen. Die beiden Freunde sind laut, lauter als die heulenden Schakale in der Ferne.

Ferenc vergißt seinen Bruder, während Paul »seine Prinzessin« preist: »Ich fühlte mich der Jugend fern, schon einige Zeitlang, ich verstand sie nicht. Ich dachte – das muß ich dir erzählen! –, das Alter ist eine Region für sich, eine Region, von der aus man keinen Zugang mehr zur Region der Jugend hat, als ob sich eine Bergkette dazwischen erhoben hätte. Dann kam Karoline … meine Prinzessin ist zu mir gekommen, nicht ich war es, der sie suchte … Sie ist zu mir gekommen und hat mich übers Gebirge geführt in jene andere Region … wie Beatrice Dante. Zum ersten Mal verstehe ich die Sprache der anderen Generation, ihre Gefühle und Probleme … Ich komme mir vor wie jemand, der aufwacht und plötzlich die Sprache der Albatrosse versteht, auch wenn du jetzt vielleicht denkst, die Prinzessin muß aufgewacht sein und versteht nun den Gesang der Maulwürfe. Prost, mein Freund, noch eine Flasche!«

Später in der Nacht, die Tische um sie herum sind schon abgeräumt, lallt Paul seine Lobpreisungen in größeren Intervallen: »Du bist genauso jung, und ich verstehe dich besser dank der Prinzessin!«, oder: »Meine Haut hat sich, seitdem ich ihre Haut berührt habe, vollkommen verändert. Sie hat sich erneuert!«

Ferenc läßt sich von Pauls Euphorie anstecken und vergißt seine Krankheit, die doch sein Leben geworden ist.

Am nächsten Tag mieten die Freunde einen kleinen Wagen und fahren auf kaum erkennbaren Pisten durch die Wüste. Mit seiner Designer-Sonnenbrille, die Hände ans Lenkrad gekrallt, den Oberkörper ein wenig nach hinten geneigt, damit sich das Gaspedal durchdrücken läßt, sieht der ältere Mann trotz seiner dunklen Flecken auf den Händen tatsächlich viel jünger aus. Als würden sie noch immer im Restaurant sitzen, setzt er seine Schwärmereien auf der Fahrt durch die Dünen fort.

»Sie liebt, wie mich keine zuvor geliebt hat, wie keine zuvor … Diesmal bin ich der Passive, ich laß es einfach geschehen.«

Manchmal hält er an und tippt gierig eine Nachricht auf seinem Handy, wobei er die Lippen bewegt und leise die Wörter zwischen den Lippen wispert, wie ein Kind, das gerade lesen lernt.

Es ist Spätnachmittag, und sie fahren zurück, aber sie geraten auf eine falsche Route. Die Fahrt scheint nicht enden zu wollen, es wird kalt. Und jetzt spürt Ferenc ein seltsames Holpern, als würde der Wagen hinken.

»Ach was, alles in Ordnung!« ruft Paul und drückt noch stärker auf das Pedal. So fahren sie weiter mit einem Platten durch die Wüste, keiner spricht mehr ein Wort. Es ist dunkel geworden, und Ferenc blickt in den Himmel. Es sind viel mehr Sterne zu sehen am Himmel über der Wüste als über der Stadt. Ferenc denkt über die unbekannte »Prinzessin« nach und träumt, daß sie von ihm träumt. In der Ferne heulen Schakale, sie heulen stellvertretend für die Unglücklichen der Erde.

Ferenc sehnt sich nach einer Katastrophe, die er von außen beobachten kann, nicht eine von der Sorte, die unsichtbar in seinem Körper passiert. Der zerfetzte Pneu beginnt sich in kleinen Stücken von der Felge zu lösen. Sie fahren weiter, leicht auf die Seite geneigt, begleitet vom schrillen Geräusch der nackten Felge.

Spät in der Nacht finden sie zurück. Die Palmenblätter der Oase, vom Mond beleuchtet, stehen wie erstarrt, als gehörten sie einer anderen Welt an. Am nächsten Morgen fliegen die beiden zurück.

6.

In der Ankunftshalle sieht Ferenc zum ersten Mal die »Prinzessin«. Sie umarmt Paul und blickt über seine Schulter Ferenc in die Augen. Sie trägt kurzes Haar wie ein Knabe, und auf ihrer Haut leuchten winzige Sommersprossen.

Paul stellt sie vor: »Meine Prinzessin!«

Sie korrigiert ihn sofort: »Ich heiße Karoline!«

Sie tritt einen kleinen Schritt zur Seite, nimmt Abstand von ihrem Freund. Ohne daß Ferenc sich bewegt hätte, steht sie nun näher bei ihm als bei Paul. Er klatscht in die Hände und ruft ihnen zu: »Meine Kinder!«

Ferenc trägt immer noch seine Djelaba, und Karoline zupft an dem gestreiften Gewand: »Das würde ich auch gerne tragen. Vor allem hier in dieser Winterstadt!«

Paul holt aus seinem Rucksack einen Gegenstand heraus, eine Art Päckchen, in eine vergilbte arabische Zeitung gewickelt: »Da!« Er streckt es Karoline mit einem Ruck entgegen. »Pack es aus, meine Prinzessin!«

Karoline zuckt zusammen. »Doch nicht hier ...!«

»Hier und auf der Stelle«, ruft Paul.

Während sie das Paket langsam aufreißt, zieht Paul Ferenc zu sich und flüstert ihm zu: »Ist sie nicht die schönste Frau der Welt?!«

Drei Berberschmuckstücke kommen zum Vorschein: ein dickes Elfenbeinarmband, eine silberne Halskette und lange, schwere Ohrringe aus dunklem Kupfer.

»Zieh an … jetzt!«

Sie wickelt die Geschenke wieder ein, als hätte sie Paul nicht gehört.

Ferenc hält Ausschau nach seiner Mutter. Sie steht in einer Ecke der Flughafenhalle und hält sich ein Taschentuch unter das Auge. Kaum hat sie ihn erblickt, läßt sie es in ihrer Manteltasche verschwinden.

Sie umarmen sich. Die Mutter vergießt Tränen auf Ferenc' arabische Kutte.

»Ich bin froh, ich war so allein ohne dich. Leonie war da, ich habe sie heute früh weggeschickt …«

Paul und Karoline stehen etwas verlegen daneben. Paul, denkt Ferenc, würde viel besser zu seiner Mutter passen. Er ist noch älter als sie …

»Du willst doch nicht etwa so mit mir ins Krankenhaus fahren?« fragt die Mutter und streicht über die Djelaba.

Für ein paar Stunden hatte Ferenc sein Leid und das Krankenhaus vergessen. Er wollte sich nicht vorstellen, daß er wieder dorthin mußte.

»Aber«, ruft Karoline, »am Abend seid ihr bei uns! Wir essen zusammen.«

Der alte Mann bemüht sich nicht, sein Mißvergnügen zu verbergen: »Am ersten Abend will ich dich für mich allein haben …«

»Das hast du immer.« Sie sagt es nicht schroff.

Als sie im Taxi allein sind, greift die Mutter nach Ferenc' Handgelenk. »Ich hätte dich so gerne heute für mich.«

Es ist noch früh, und in der Halle des Krankenhauses schrubben türkische Frauen in Kopftüchern den mehrfarbigen Linoleumboden. Aus dem Transistor hört Ferenc das

Singen des Muezzins wie in der Oase am Morgen und bei Sonnenuntergang.

Zögernd macht der junge Arzt auf dem Flur der Abteilung Nuklearmedizin vor Ferenc halt.

»Wir kennen uns doch …?« Er blickt auf die Djelaba.

Ferenc zieht sich vor dem Spiegel der Umkleidekabine aus und stülpt das lange Gewand über seinen Kopf. Die roten Markierungen auf seinem Körper sind verschwommen, die zierliche Narbe auf seiner Haut scheint kleiner geworden.

Hinter einer schmalen Scheibe sitzt eine Gruppe von Spezialisten, die auf den kleinen Bildschirmen die physische Innenwelt von Ferenc betrachten. In der weißen Röhre vergeht die Zeit herrlich schnell. Ferenc' Gedanken sind im Haus von Paul, in Anwesenheit der »Prinzessin«.

Es wird einen ganzen Tag dauern, bis Ferenc und seine Mutter die Resultate bekommen. Ferenc findet es selbstverständlich, daß man ihm sagt: »Sie dürfen heute machen, was Sie wollen.« Die Kranken werden in die Kindheit zurückgeworfen, und es gefällt ihnen sogar. In seinem Zustand zwischen Leben und Tod kann er sich allerlei erlauben, was ihm sonst sein Gewissen verbieten würde. Vielleicht hatte er auch nie ein Gewissen, und nun fehlt es ihm nicht einmal!

Er will noch die Freunde auf seiner Station besuchen, die er so lange nicht gesehen hat, die Gräfin und den Professor für Hebräistik. Der Flur ist heute stiller als sonst. Die Studenten stehen leise flüsternd vor dem Krankenzimmer des Professors, mit Blumensträußen in ihren Händen.

»Er ist gestern früh gestorben«, sagt die Gräfin, die an einem Tisch sitzt und eine Patience legt, »und ich bin die nächste. Wir hatten dieselbe Art Krankheit.« Sie lächelt und mischt die Karten.

Die Mutter nimmt ihren Sohn in den Arm und flüstert: »Ich wußte es. Ich wollte es dir nicht sagen …«

7.

Am frühen Abend bringt ein Taxi Ferenc und seine Mutter zu Pauls Haus am Stadtrand. Paul öffnet das Gittertor, und der junge Boxer rennt ihm hinterher. Das Fell des Hundes glänzt am Bauch, er springt gegen Ferenc' Knie und schnappt nach seiner Hand.

Zu viert sitzen sie vor dem Kamin und essen Raclette, das Paul für sie vorbereitet hat. Karolines neuer Schmuck liegt immer noch eingepackt auf einem kleinem Glastisch, daneben zwei halbvolle Whiskygläser.

Während Paul den Käse schmelzen läßt, erzählt er allen ihr Abenteuer mit dem Platten in der Sahara: »Das muß ich euch erzählen …«

Die Mutter trinkt viel Weißwein und hebt ab und zu vergnüglich ein Bein in die Luft.

Ferenc, der diese Gewohnheit verabscheut, sagt entschuldigend: »Sie war einmal eine Tänzerin.«

Die Mutter fühlt sich ermutigt und demonstriert eine Pirouette. Hinter ihr brennt das Feuer, der Boxer springt mit ihren Drehungen hoch.

Karoline kniet auf dem Schafteppich, das Kinn aufgestützt, die Ellbogen auf den Oberschenkeln, und blickt Ferenc in die Augen.

»Die Reise hat Ihnen gut getan …?«

»Man wird es bald wissen …«

»Er ist gesund und basta!« ruft Paul jovial, um dem Thema ein Ende zu setzen. Karolines Interesse für Ferenc' Befinden behagt ihm ganz und gar nicht.

Karoline fragt weiter, als gäbe es nur sie und Ferenc im Wohnzimmer.

Die Mutter, vom Alkohol übermütig geworden, tritt gegen den Boxer: »Ich hasse Hunde!«

Paul ist ganz still, er trocknet sich das schwitzende Gesicht ab. Er geht zur Stereoanlage und legt das »Deutsche Requiem« von Brahms auf. Ferenc erinnert sich an einen Konzertabend mit seiner Mutter in der Philharmonie, kurz bevor er nach Afrika reiste: Herbert von Karajan dirigierte das Werk gegen eine Stange gestützt, so daß man nicht wußte, ob er steht oder sitzt. Irgendwann ließ er den Stock sinken und schaute die Musiker an, blickte ihnen einfach in die Augen, und sie spielten weiter ohne Kommando. Den ganzen Schluß spielten sie ohne Dirigat, sie spielten für ihn, spielten dank seiner.

Als die Mutter auf die Toilette verschwindet, sagt die Prinzessin: »Ich fahre Sie hier in unserer Gegend spazieren, der Wald ist das, was Sie brauchen …«

Bei ihrer Rückkehr stellt sich die Mutter vor sie alle und wendet sich Ferenc zu: »Jetzt hör endlich auf, öffentlich über deine Krankheit zu sprechen, hör auf! Niemand will wissen, wie tief und wie lang deine Narbe ist, was sie dir herausgenommen haben und was drinnengelassen, niemand will wissen, wie lang du noch bestrahlt wirst … Es geht keinen was an … außer mich und dich … mich und dich.«

Sie bricht schluchzend zusammen und bleibt auf dem Teppich liegen.

Kurz darauf stehen alle vier in der dunklen Nacht auf dem Kiesweg vor dem Haus am Waldrand. Die Mutter hat immer noch Tränen in den Augen. Paul hält Karoline eine Wolljacke hin. Er will ihr die Jacke um die Schultern legen, aber Karoline rennt weg wie von einem Insekt gestochen. Die Jacke bleibt auf dem Kies liegen vor den Füßen des ratlos dreinblickenden Paul.

8.

Am nächsten Morgen besucht Ferenc den Professor mit den roten Backen in seinem großen Untersuchungszimmer in der Klinik.

Auf dem Tisch des Professors liegt eine dicke Mappe, Ferenc' Krankendossier. Der Professor zieht die kleinen bunten Aufnahmen von Ferenc heraus, blickt kurz darauf und schiebt sie wieder hinein.

Er schaut über seine schmale Lesebrille und sagt: »Die Veränderungen haben sich nochmals ein wenig … verändert, junger Mann. Wir probieren gerade – ich sage ganz bewußt: probieren – ein neues Mittel aus, das den Effekt haben soll, all das zu stoppen, was sich in Ihnen noch entwickeln könnte. Wir wissen heute noch nicht, ob diese Therapie Erfolg verspricht, aber wir wissen ganz sicher, daß die Nebenwirkungen enorm sind! Sie entsprechen in etwa den ersten Reaktionen auf ein Giftgasattentat … Übelkeit, Haarverlust, Entzündung der Schleimhäute. Daher, junger Mann, würde ich Ihnen zu etwas anderem raten: Schauen Sie sich die Welt an, es gibt so vieles, was Sie noch sehen müssen: die Präkolumbier in den Anden, die Fjorde in Norwegen, den Kilimandscharo, Tansania mit seinen unermeßlichen Wildreservoirs. Dort vor allem die Antilopen und, noch besser, die Geparde, wenn sie nach weltmeisterhaften Verfolgungsjagden auf den Rücken der Antilopen springen, sie am Nacken packen und ersticken. Sie müssen nach Japan, junger Mann, Sie müssen die Kabuki- und die No-Spieler sehen, auch die

Teesalons in Kyoto sind ein Abenteuer. Dann Australien, die Rocky Mountains. Waren Sie je in Neapel und Pompeji? In Delphi?«

Ferenc verläßt das Untersuchungszimmer, setzt zögernd einen Fuß vor den anderen, ganz vorsichtig. Er denkt an seinen Traum zurück.

Er hat nicht nur seine Diagnose im Traum vorhergesehen, sondern auch seine Therapie. Der Linoleumboden glänzt und spiegelt die Räder der herumstehenden Rollstühle, umgekehrte Tropfsteine, zerbrechliche Silhouetten. Sie erscheinen ihm wie die Wipfel von Bäumen, wenn sie ein leichter Wind bewegt. Ferenc' Augen bleiben am Boden haften.

Vor dem Spital, in einem silbernen Sportwagen, wartet Pauls Freundin. Sie hat all ihre Sachen im Kofferraum. Ferenc wundert sich nicht: Der Donjuanismus, das ist der schwache Teil in einem, derjenige, der anzieht, der unwiderstehlich ist. Don Juan ist ein schwerkranker Mann, der Komtur wartet auf ihn, so oder so. Es gibt keinen Grund, ihn für seinen Lebenswandel zu strafen. Mit dieser Gewißheit raubt Ferenc Paul die Geliebte.

Es nährt seine Liebe zu Karoline, daß ein anderer leidet. Wenn Paul voller Verzweiflung seine Prinzessin anruft, steht Ferenc grinsend daneben. Sie stellt das Telefon auf »laut«, so daß sie beide die Klagen des alten Mannes hören können und dabei Lust aufeinander bekommen. Noch während Paul spricht, beginnen sich Ferenc und Karoline, in die Telefonschnur verwickelt, auf dem Parkettboden zu lieben.

Ferenc' Lust auf Karoline ist mit einer Spur Gewalt vermischt. Ein Teil seiner Seele möchte das Mädchen bestrafen, bestrafen dafür, daß sie seine Komplizin geworden ist gegen ihren alten Freund. Er ahnt nicht, daß sie aus demselben Grund seine Schläge genießt: aus Schuldgefühl.

Als sie kaum noch von Paul hören, belebt Ferenc seine Leidenschaft für Karoline durch sein Krankendasein. Sie muß ihn als Sterbenden lieben. Ihre Zeit miteinander ist voll von den letzten Dinge des Lebens.

9.

Drei Wochen nach dem Beginn ihres Zusammenseins wacht Ferenc auf und hebt seinen Kopf. Karoline hält in ihrer Handgrube einen kleinen Haufen schwarzer Locken, die auf dem Kissen liegen. Drei Wochen nach diesen drei Wochen und drei Wochen nach diesen sechs Wochen und sechs Wochen nach den zwölf Wochen und einige Wochen darauf ist es Spätfrühling. Karoline und Ferenc schwimmen im Fluß. Ferenc ist so dünn, daß er vom Wasser getragen wird wie eine Feder.

Die Sonne wirft ihre Strahlen gegen sein winziges blasses Gesicht. Die Menschen liegen nackt am Ufer mit ihren Bauchfalten und glattrasierten Geschlechtsteilen. Unter ihnen fühlt sich Ferenc geschützt, auch wenn der eine oder andere fasziniert auf seine langen Narben starrt.

Die Geschichte des jungen Kranken verebbt ins Ereignislose ab jenem Tag, an dem dieser sich frühmorgens anzieht, um ins Krankenhaus zu gehen zur letzten Behandlung. Karoline schläft noch, er steht eine Weile vor ihr und schaut ihr zu. Sie öffnet die Augen.

»Jetzt ist es besser, daß du mich allein läßt …«, sagt er. Ferenc' neues Glück und seine Erleichterung erlauben ihm einen kühlen, gefaßten Gesichtsausdruck. Die Seele muß frei sein, frei in allem. Sein Herz ist dabei wie leer.

Auf den letzten Bildern, die der Computer von seinem Inneren preisgibt, findet man seinen ungeborenen Bruder nicht mehr.

IHRE SICHT

»Treten Sie bitte nicht auf die zwei Katzen, die auf dem Teppichvorleger liegen.«

Das hatte sie mir durch die Gegensprechanlage gesagt und dann auf den Türöffner gedrückt. Zwanzig Jahre hatte ich diese Stimme nicht gehört. Und jetzt klang sie blechern-verzerrt, so daß ich nicht feststellen konnte, wie sie sich verändert hatte. Dabei war ich mir so sicher gewesen, daß ich mir schon am Klang ihrer Stimme das älter gewordene Gesicht würde vorstellen können.

Sie wohnte im Vorort einer mittleren Stadt, ein paar Kilometer von Stettin entfernt, ein bescheidenes Mehrfamilienhaus in einem verwilderten Garten, im Unterschied zu den properen Nachbarsgärten. Diese leichte Verkommenheit paßt zu Judith, dachte ich, sicherlich war sie es gewesen, die durchgesetzt hatte, daß der Rasen nicht gemäht wurde und die halbverfaulten Äpfel unter den Bäumen liegenblieben. Ihre Autorität über die anderen Mieter erleichterte mich, erzeugte in mir die Gewißheit, daß sie nichts von ihrer Kraft verloren hatte. Damals, wie sie von einer Stunde auf die andere nach Deutschland reiste, »für immer«, wußte ich nicht, wie ich sie zurückhalten sollte …

Die Tür oben war offen, und tatsächlich lagen in dem schmalen Wohnungsflur zwei Katzen schräg aufeinander wie eine Barriere.

»Warum ›Sie‹?« sagte ich zu mir selbst, aber so laut, daß Judith es hören konnte. Auch die Türen zu den beiden Zimmern standen offen, und aus dem einen antwortete nun eine dunklere Stimme – das Alter hatte ihr die Stimme in die Tiefe gezogen, und ich fühlte mich erleichtert: »Zwanzig Jahre machen aus einem Du wieder das Sie vom Anfang … Ich liege noch im Bett, bitte warten Sie … oder meinetwegen: warte im Wohnzimmer.«

An der Wand hing das alte Poster von Nick Cave, und auf einer Schnur, von der einen Seite des Flurs zur anderen gespannt, ihre Garderobe. Ich sah einen abgewetzten langen dunklen Pelzmantel, wahrscheinlich vom Flohmarkt, durchsichtige Synthetik-Sommerkleider, darunter sogar ein geblümtes, wie sie nur ältere Damen tragen. Auf einem Glastisch – der Designer war ein gemeinsamer Freund von uns – lagen dicke Kunstbände von William Blake – sie trug diese Bücher bereits mit sich herum, als wir uns in Madrid kennengelernt hatten. Schuhe in jeder Ecke, elegante, für eine Frau in den Sechzigern recht hoch mit dünnen Absätzen. Sie kann nicht dick geworden sein, wie sie immer fürchtete, sagte ich mir, solche Absätze ertragen nur leichte Körper.

»Ich wette, du schaust dir alles genau an«, rief sie aus dem Nebenzimmer, »und jetzt bückst du dich und besitzt auch noch die Frechheit, meine Schuhe zu inspizieren …«

Sie hatte gehört, wie meine Knie auf das Parkett aufschlugen, nicht von allzu großer Höhe. Da ich nicht mehr so beweglich war wie früher, zog mich die Schwerkraft hinunter, wenn ich zu weit in die Knie ging.

»Es sind Schuhe, die ich aufgehoben habe, denk bloß nicht, daß mir einfällt, mit denen jetzt noch herumzuspazieren. Ich weiß noch … deine Mutter … sie wurde als junge Frau in der

Straßenbahn angeschissen, in Basel nach dem Krieg, weil sie zu auffällige Ohrringe trug: ›Wir sind no nöt Fastnacht‹ … entschuldige mein Schweizerdeutsch, ich werde es nie lernen … und ich erinnere mich auch noch … du … oder: Sie haben etwas gesagt, und die alte Frau in Schwarz, die sie anpöbelte, hob ihren Stock gegen deine Mutter, als wollte sie sie mit ihrem Stock zu sich herunterziehen. Wenn ich hier mit diesen Schuhen herumgehe, stellt mir sicher einer ein Bein …«

Ich hörte, wie sie – jetzt erst – die Bettdecke aufschlug, und wenig später, wie eine Tasse auf eine Untertasse gestellt wurde. Ich hörte Geräusche und stellte mir vor, wie sie ruhig aus dem Bett glitt. Ich richtete mich mühsam und schnell zugleich auf – womöglich stand sie schon in der Tür.

»Warte noch. Ich ziehe mich an. Erzähl ein bißchen, du … deine Frau, deine Kinder … Wie alt sind die Kinder?«

»Mein Sohn …«

»Welcher?« unterbrach sie barsch.

»Leonnard. Der ist dreiunddreißig alt … Er ist Astronom. Pavel ist fünfundzwanzig …«

»Und seine Psoriasis …? Pavel hatte doch Psoriasis?«

»Ja. Er findet keine Freundin.«

»Im Unterschied zu dir altem Libertin …«

»Schlimmer. Er könnte ohne weiteres eine finden, du weißt, wie brillant er ist, aber er versteckt sich vor den Frauen, aus Angst zurückgestoßen zu werden …«

»Du bist immer noch ein feiner Psychologe!« Sie lachte laut auf wie vor zwanzig Jahren, ein frisches und schelmisches Lachen. Ich hörte, daß sie vor ihrem Bett stehengeblieben war, wahrscheinlich hatte sie noch nicht einmal ihr Nachthemd oder ihren Pyjama ausgezogen.

»Man könnte es auch anders sehen: Du führst ihm so viele

Eroberungen vor, daß er mit dir einfach nicht konkurrieren will. Hast du mal an so etwas gedacht?«

»Ach …«

Ich öffnete das Fenster; besser irgendwas tun als ihr etwas zu erwidern, das nach Resignation klang.

Aus dem Garten dufteten die Äpfel herauf.

»Bleib am Fenster stehen und dreh dich nicht um, ich muß mir schnell eine Hose holen …«

»Ich kann sie dir bringen, Judith!«

»Auf keinen Fall, ich will nicht, daß du mich so … siehst.«

»Schon gut, ich drehe mich nicht um … Außerdem gefällt mir dein Garten.«

»Mein Garten? Wo denkst du hin, wir teilen ihn uns zu viert. Übrigens … du kannst mir die Hose ruhig herbringen … Da … am Ende der Leine hängt eine schwarze Kordhose … siehst du die?«

Ich ging zur Schnur und zog die Hose von der Leine.

Sie hatte die Schlafzimmertür nur einen Spaltbreit geöffnet, gerade so viel, daß ihre Hand herausschaute. Die Haut zeigte Falten und Leberflecke, die Finger schienen gewachsen zu sein, aber das konnte auch eine Täuschung sein, weil ich sonst nichts von ihr sah. Ein Ring fiel mir auf, den ich nicht an ihr gekannte hatte. Ich ging ins Wohnzimmer zurück und überlegte, ob ich danach fragen konnte …

»Was macht … deine Frau … deine heißgeliebte Frau … wenn ich ironisch sein darf. Du erlaubst es mir …?«

»Gegen mich ja. Nicht gegen …«

»Warum nicht gegen sie?«

»Weil so viel Zeit dazwischenliegt, Judith, so viel Zeit. Gegen mich darfst du alles …«

»Ach …« Das kam jetzt von ihr, und es klang resigniert.

Die Katzen schlichen ins Wohnzimmer, eine hinter der anderen, sie sahen aus wie Zwillinge. Die erste streifte mit ihrem Schwanz die Schnauze der anderen. Dann drückten sie sich sanft gegen meine Waden und liefen im Kreis um mich herum.

»Also …?«

Ich hatte den Faden verloren.

»Ich will es auch gar nicht wissen … Ich habe versucht, ihr zu schreiben. Nächtelang saß ich vor diesem Briefentwurf. Ich brachte es nicht über mich … Ich wollte … ich suchte Klarheit. Daß zwei Frauen sich nur durch einen Mann kennen, sich im Grunde nie gesehen haben, zwei unbekannte Feindinnen …« Sie brach ab.

Ich hörte nur ihre Stimme, sie schien noch mit ihrer Toilette beschäftigt. Ihr Badezimmer lag neben dem Schlafzimmer, so daß sie nicht auf den Korridor mußte. Ich hörte noch in der Ferne »Todfeindinnen …«

Ich wollte Judith unbedingt besuchen, ich empfand den starken Wunsch, mir meiner Vergangenheit bewußt zu werden, wenn man sie schon nicht wiedererleben kann. Ich hatte in meinem Leben oft genug die Gegenwart gefeiert … So viele Narben auf meinem Körper, die ich betrachte ab und zu, und dann stelle ich mir die Tage, die Monate vor, die ich im Krankenhaus lag. Die Bücher, die ich gelesen habe, die Menschen, die mich besuchten, das Gesicht des Chefchirurgen. Den hatte ich übrigens kurz zuvor auch besucht, aber leider kamen ihm so viele Menschen unters Skalpell, daß er nur so getan hat, als würde er mich wiedererkennen. Wir sind Egoisten … allesamt. Und die Neugierde ist eine Begleiterscheinung dieser Charaktereigenschaft. Ich empfand kein Mitleid für Judith. Ich bewunderte ihren Stolz, ihre Wildheit, die sich beim Anblick ihres Gartens zu bewahrheiten schien. All die Haufen von Ästen und Gestrüpp, Überbleibsel aus anderen Jahreszeiten, es erinnerte mich an die inszenierten Räume des verstorbenen amerkanischen Künstlers Paul Thek.

Ich hatte mich über sie erkundigt und ihr Leben verfolgt, wie mit dem Finger auf einer Landkarte, als ob es meine Wege wären, die Wege, die ich gegangen bin oder die ich noch vor mir hatte. Ich stellte mir vor, wie sie in Irland einen Strand entlangging, die Haut ihres Gesichts von dunklen Flecken bedeckt. Der Rücken wund von einer Liebesnacht im Sand. Ihre vorderen Zähne schwarz und die Fingernägel ebenfalls dunkel … Sie schläft nachts in ihrem alten Golf. Den Kopf gegen das Lenkrad gelehnt, die Haare verbergen das Gesicht. Sie atmet schwer, und der Mischlingshund, struppig und mager, der unter dem Wagen sitzt, hält inne und spitzt die Ohren. Im Kofferraum allerlei Dinge, kreuz und quer durcheinander, ganz oben ihre blauen hohen Skischuhe, deren Schnallen funkeln beim Öffnen der Ladeklappe.

Der Ozean ist schwarz. Die Sterne am Himmel verblassen an dieser Schwärze. Kein Fischerboot weit und breit. Löcher im Sand zwischen kleinen verwehten Sandburgen.

Ein Geräusch riß mich aus meinen Gedanken, jetzt hörte ich ihre nackten Füße auf dem Parkett, also war sie immer noch nicht angezogen.

»Ich wohne gern hier mit meinen Katzen, du hast sie gesehen? Ich war nie eine Tierfreundin, aber die Männer haben mich zur Menschenfeindin gemacht …«

»Du übertreibst«, unterbrach ich.

»Das kannst du nicht wissen. Überhaupt, was weißt du von

mir? Nichts! Damals übrigens auch nicht ... Du hast dich für mich nur interessiert, während ... du weißt, was ich meine. Ich bin übrigens zu alt, um an diese Momente zurückzudenken. Ach ... meine Strumpfhose, die könntest du für mich suchen ... Sie müßte in der Kommode im Flur sein ... die Kommode kennst du doch, aus der Wohnung am Magdeburger Platz. Die ist noch aus meiner Kinderzeit in Graz.«

Ich zog die unterste Schublade auf, ein einziges schwarzes Gewühl, die Strümpfe ineinandergewickelt wie ein riesiger Teller voll Nudeln in Tintenfischsauce.

»Die Katzen zwingen mich zu einem bestimmten Rhythmus. Aufstehen zur festen Zeit ... Füttern. Ich lasse sie ab und zu in den Garten. Es ist allerdings schwer, sie wieder einzufangen ... jedenfalls für mich. Auch wenn ich zu rauchen aufgehört habe, seitdem ich in Deutschland bin. Ich springe nicht mehr umher wie früher ... Du auch nicht, du hast einen Stock dabei, ein Spazierstock oder eine Krücke?«

Sie hatte mich dreibeinig gehört.

»Keinen Wanderstock und auch keine Krücke, einfach ein Stock ... Ich halte mich an ihm fest, auch zu Hause ... wenn ich von meinem Sessel aufstehe und in die Küche gehe oder hinauf ins Arbeitszimmer ...«

»Hör auf!« rief sie. »Ich will keine Beschreibung deines Hauses hören. Ich will gar nicht wissen, daß ihr ein Haus habt ... Wo du wohnst mit deiner süßen Frau, das interessiert mich nicht.«

»Ich habe dir nur auf die Frage nach dem Stock geantwortet.«

»Laß mich ... laß mich verbittert sein.«

Jetzt schob sie wieder ihre Hand durch den Türspalt. Und als ich versuchte, an ihren Fingern zu ziehen, ließ sie es zu, aber nur soviel, daß sie die Finger um so schwungvoller wegziehen konnte.

»Geh, setz dich wieder ins Wohnzimmer. Und erzähle … oder erwartest du etwa von mir, daß ich dir mein Leben …«

»Nein, nein …«

»Interessiert es dich etwa nicht … Aha …«

»Ich meinte nein in bezug auf mich … Ich erwarte nichts … Aber sicher … sicher möchte ich einiges erfahren von dir …«

»Und? Gibt es was her? Mir geht es weder gut noch schlecht. Das ist doch das beste, was ein Mensch erreichen kann … weder gut noch schlecht. Ich liege gerne lang im Bett am Morgen. Das hat sich nicht geändert seit … damals. Und ich gehe spät, sehr spät ins Bett, fast schon frühmorgens. Du hast mich übrigens geweckt. Wir waren für später verabredet, wenn ich mich nicht täusche …«

»Ich wiederum bin ein Frühaufsteher geworden, ein Sehr-früh-Aufsteher …«

»Kannst du jetzt schlafen? Kannst du endlich wieder schlafen …?«

Ich hörte das »ohne mich«, das sie zurückhielt.

»Ich schlafe ein … ja … und wie alle älteren Menschen nicht durch. Ich habe festgestellt, daß Frauen generell besser schlafen als Männer. Warum eigentlich?«

»Generell … was weißt du schon? … Vielleicht hast du recht. Wir haben weniger schlechtes Gewissen. Unsere Gewissenlosigkeit gibt uns mehr Freiheit. Willst du mit mir ein Gespräch über den Unterschied von Männern und Frauen führen?«

Ich antwortete nicht. Ich war hungrig. Zwar hatte ich mich inzwischen darauf eingerichtet, zu warten, bis ich sie sah, aber ich war seit zehn Stunden unterwegs mit der Bahn und hatte nichts Rechtes gefrühstückt.

Sie hörte meine Unruhe.

»Wenn du die Toilette suchst, die erste links ...«

»Könnten wir einen Kaffee trinken?«

»Du schon. In der Küche ist alles.«

Es war eine kleine Küche, in deren Mitte ein aufgeklapptes Bügelbrett stand. Auf dem Bügelbrett lag ein Herrenhemd.

»Ich weiß ... du starrst auf das Hemd. Keine Angst, mein Freund, ich bügle ab und zu für einen Nachbarn, sonst komme ich nicht aus. Ich habe die Arbeit im Kinderheim aufgegeben, ich hielt dieses nervöse Getue nicht mehr aus. Autistische Kinder, verstehst du? Nach zwei Jahren hatte ich genug. Ein Schicksal! Du kriegst keine Kinder, keinen Mann, keiner gefällt dir, und dann befindest du dich inmitten dieser Kinder, die mit sich selbst reden, in die Luft greifen, seltsame Töne von sich geben ... und kaum merken, daß du da bist. Ich konnte jeden liebgewinnen, jeden für sich, aber alle zusammen? Irgendwann war es einfach zu anstregend geworden. Mein Gerechtigkeitssinn sträubte sich dagegen ... Hast du Kaffee gefunden? Im Kühlschrank sind Tomaten, Käse und Gurken ... Kein Fleisch. Ich bin ... ein wenig später ...Vegetarier geworden.«

Im Kühlschrank, der genauso klein war wie das Fernsehgerät, das daneben stand, waren tatsächlich nur eine Handvoll Tomaten, ein bißchen Käse, Gurken und ein ungewaschener Salatkopf.

»Fleisch regt auf. Es gab keinen Grund mehr, sich aufzuregen. Wo sollte ich hin mit dieser Energie. Wohin? Ich habe also das Fleisch gestrichen und bin herumgefahren. Mit all meinem Hab und Gut bin ich herumgefahren, lange, bis nach Ägypten. Ich bin immer einfach losgefahren, schon damals, während du bei deiner Familie warst, mit meinem Golf … Es war meine beste Zeit.«

Ich hörte zu in der Küche, während ich eine Tomate in Scheiben schnitt. Das Messer glitt ab und blieb in der Innenseite meines Daumens stecken, die Klinge war sofort dunkelrot von meinem Blut. Ich wollte nicht, daß Judith meinen kleinen Unfall bemerkte und sich über meine Ungeschicklichkeit lustig machte, wie es alle tun. Ich hielt meinen verwundeten Daumen unter das fließende Wasser, während ich mit der anderen Hand zum Schein auf dem Brett herumkratzte. Doch das Blut floß und floß … Ich suchte ein Geschirrtuch und band es um meinen Daumen.

»Du machst aber komische Sachen in der Küche …«

»Ich bereite etwas vor für uns beide«, erwiderte ich.

»Für mich nicht. Es ist zu früh. Ich esse später …«

»Ja, darf ich dich dann in eine Gaststätte einladen?«

»Vielleicht. Wir werden sehen … Bring dir den Teller mit ins Wohnzimmer. Ich habe sogar Wein da, hast du ihn gesehen? Einen Rioja …«

Ich nahm den Teller und ein Glas in die unverletzte Hand und klemmte die Weinflasche unter den Arm.

Im Wohnzimmer setzte ich mich vor den Glastisch. Auf dem Geschirrtuch um meine Hand zeichnete sich ein roter Fleck ab, der langsam größer wurde.

»Was sagst du zum Krieg? Traust du dich noch hinaus in die Welt? Ich dachte, der Flughafen Charles de Gaulle ist dicht. Werdet ihr in Europa bleiben?«

»Es ist noch nicht soweit, Judith. Außerdem bin ich mit der Bahn gekommen. Und Deutschland hält sich aus allem raus. Wie ist das möglich? Wir zittern und bangen, und ihr habt euch mit allen Seiten verständigt! Am Schluß werden wir alle noch bei dir um Asyl bitten!«

»Ich nehme euch auf. Endlich könnte ich etwas für deine Familie tun, nachdem du mir vorwirfst, daß ich sie zerstört habe. Ich muß mich hinsetzen, mir klopft das Herz ...«

Ich stand auf.

»Nein, komm nicht! Laß mich noch einen Augenblick nachdenken ... Hat nicht der Onkel deiner Mutter seine Frau und seine Geliebte mitgenommen während des Zweiten Weltkriegs und sie beide versteckt?«

»Ja ...?«

»Hast du die Geschichte etwa vergessen?«

»Stammt die von mir?«

»Ich glaube. Vielleicht hast du sie nur erfunden, weil du dir so was gewünscht hast. Wie nennt man das? Höhere Gewalt! Ja, ich bin mir sicher«, rief Judith, »daß du dir eine solche Geschichte zuechtgelegt hast, um dich zu beruhigen. Du hast immer inszeniert, mit Happy-End, ein Happy-End für alle, aber vor allem für dich! Du hast dir Beispiele gesucht und gefunden ... wie diese Geschichte aus dem Zweitem Weltkrieg ...«

»Sie ist nicht erfunden ...« Mir kam die Erinnerung wieder. »Es stimmt, das mit dem Onkel, seiner Familie und der Freundin ... Nur, daß sie doch gefunden worden sind und alle deportiert wurden, ins Gas gegangen ... Sogar die nichtjüdische Freundin ...«

»Vielleicht hätte er es nicht allen recht machen sollen, dieser Onkel ...«

Es war inzwischen Spätnachmittag geworden. Die Sonnenpfeile zogen sich vom Parkett langsam zurück. Wo sie noch waren, dorthin rückte ich den Stuhl, um mich ein wenig zu wärmen. Ich hatte mich an Judiths Abwesenheit gewöhnt, hier, in dieser Wohnung, wir hatten früher auch lange miteinander telefoniert oder uns geschrieben, ohne uns zu sehen. Es schien mir viel ferner als jetzt.

Da hörte ich wieder ihre Stimme.

»Weißt du … Ich bin froh, daß du da drüben sitzt und ich in meinem Zimmer … ich kann dir sagen, daß ich dieses Herumgewälze auf dem Bett damals vor zwanzig Jahren einfach … zu einfältig, zu animalisch fand.«

Ich hörte sie aufstehen, und sie begann zu summen. Sie summte einen Gedanken weg wie früher, irgend etwas, das mich hätte treffen können, trotz meines Alters und meines kleinen Hirnschlags.

Dann war der Nachmittag jäh in die Nacht übergegangen. Ich wollte den Lichtschalter suchen und stieß gegen den Couchtisch.

»Was tappst du da herum, paß auf, du brichst dir noch das Bein, und was tun wir dann?

Wie erklärst du deiner Frau, daß du in Stettin im Krankenhaus liegst? Ich bin mir sicher, daß du ihn wieder verheimlicht hast, diesen Besuch bei mir … Hab ich recht?«

»Judith … meine Frau ist wieder verheiratet. Ich auch …«

Jetzt hörte ich sie nicht mehr atmen. Das Ein- und Ausatmen war bei ihr etwas Geräuschvolles, wie bei Asthmatikern, dabei war sie keine.

»Und, ist sie jünger?«

»Ach …«

»Als würde dich so etwas verjüngen, ha, ha …« – Ihr frisches höhnisches Lachen von einst.

»Ihr Männer merkt es nicht einmal … Wenn ihr mit einer so jungen Frau herumparadiert, macht es euch nicht jünger, sondern älter. Die Menschen schauen auf den Unterschied, und es ist nicht die Jugend des Mädchens, die auf den Mann abfärbt, nein ... sie schauen auf diesen riesigen unappetitlichen Unterschied!«

Ich hatte den Lichtschalter gefunden und machte das Licht an.

»Laß es dunkel, bitte laß es dunkel!« rief Judith. »Es ist spät. Ich habe Hunger.«

»Ja«, antwortete ich, ich führe dich aus ... wir suchen uns eine Gaststätte ...«

»Nein. Ich gehe noch nicht. Aber wenn du die Lampen ausläßt, begleite ich dich zur Tür.«

Es war stockfinster. Die ganze Straße vor Judiths Haus war dunkel. Wo waren all diese Leute?

Ich hörte die Tür aufgehen. Dann lief ein zierlicher Schatten auf mich zu. Ich spürte auf meinem Arm den Griff einer Hand, die Finger spielten am Ärmel des Sakkos, glitten herunter auf mein dünnes Handgelenk. Sie umklammerten meine Hand, als wären sie Handschellen, dachte ich für einen kurzen Moment.

Dann zog Judith meinen Arm und mich in Richtung Flur. Wir blieben dort eine Weile nebeneinander stehen, und ich hörte uns beide atmen. Sie legte zart ihre Faust auf meinen Rücken und schob mich zur Eingangstür. Sie hängte die Kette aus und öffnete die Tür. Ein kalter Wind schlug uns entgegen.

»Achtung, die Katzen!«

Sie lagen ineinandergeschlungen auf dem kleinen Teppich vor der Tür.

Hinter mir schloß Judith langsam die Tür und flüsterte lächelnd: »Leb wohl!«

Ich ging vorsichtig die Treppe aus Stein hinunter. Den Stock in der Hand, um die noch immer das Geschirrtuch gewickelt war, suchte ich Halt am Geländer.

MEINEN DANK AN

Francesca, in deren Haus ich dieses Buch zu schreiben begonnen habe; meinem Freund Geoffrey Layton; meinem Lektor Rainer Wieland.

L. B.

INHALT

I VERSPÄTETE WIDMUNG 9

II IN DEN GINSTERN 23

III MORALISCHE GESCHICHTEN

Freundessilhouetten 79

Gegenwart der Toten 87

Vertraulichkeiten 93

Ein verlorener Freund 99

Der Freund meines Freundes 102

Die zwei Taxifahrer 108

IV TURBULENZEN

Eine Künstlerfamilie 117

Meine Dibbuks 124

Morgen eines Regisseurs 134

Der Choreograph und der Schuh 141

Defekte 148

Ferenc und sein Sternzeichen 151

Ihre Sicht 174

Uwe Timm im dtv

»Als Stilist und Erzähler sucht Uwe Timm
in Deutschland seinesgleichen.«
Christian Kracht in ›Tempo‹

Heißer Sommer
Roman
ISBN 978-3-423-**12547**-5

Johannisnacht
Roman
ISBN 978-3-423-**12592**-5

Der Schlangenbaum
Roman
ISBN 978-3-423-**12643**-4

Morenga
Roman
ISBN 978-3-423-**12725**-7

Kerbels Flucht
Roman
ISBN 978-3-423-**12765**-3

Römische Aufzeichnungen
ISBN 978-3-423-**12766**-0

Die Entdeckung der Currywurst
Novelle
ISBN 978-3-423-**12839**-1
und dtv AutorenBibliothek
ISBN 978-3-423-**19127**-2

Nicht morgen, nicht gestern
Erzählungen
ISBN 978-3-423-**12891**-9

Kopfjäger
Roman
ISBN 978-3-423-**12937**-4

Der Mann auf dem Hochrad
Roman
ISBN 978-3-423-**12965**-7

Rot
Roman
ISBN 978-3-423-**13125**-4

Am Beispiel meines Bruders
ISBN 978-3-423-**13316**-6

Uwe Timm Lesebuch
Die Stimme beim Schreiben
Hg. v. Martin Hielscher
ISBN 978-3-423-**13317**-3

Der Freund und der Fremde
ISBN 978-3-423-**13557**-3

Halbschatten
Roman
ISBN 978-3-423-**13848**-2

Von Anfang und Ende
Über die Lesbarkeit der Welt
ISBN 978-3-423-**14036**-2

Freitisch
Novelle
ISBN 978-3-423-**14152**-9

Martin Hielscher
Uwe Timm
dtv portrait
ISBN 978-3-423-**31081**-9

Bitte besuchen Sie uns im Internet: www.dtv.de